普通を目指さなければ「ツライ」は驚くほど「ラク」になる

ADHD脳で困ってる私がしあわせになる方法

臨床心理士
中島美鈴

主婦の友社

はじめに

もしかして私、ADHDなのかもしれない！
そう思ったときの衝撃は、
20年以上たったいまでも忘れることはありません。
図書館で出合った
『片づけられない女たち』（サリ・ソルデン著／WAVE出版）
を読んだときのことです。

そうか、あの失敗も、あの失言も、あのやらかしも、
全部そういうことだったのか！
すべての点がつながり、ストンと腑に落ちました。

当時はまだADHDという言葉が知られるようになったばかり。
といっても「子どものもの」という認識で
やんちゃな男の子をイメージする人が多かったと思います。
女の子にも男の子と同じ程度にADHDがいること、
そして大人になってもADHDの症状に苦しむ女性がいることが
広く認知されるようになったのはごく最近のことです。

その後、私は認知行動療法を専門とする臨床心理士となり、
大人のADHDの人のための
集団認知行動療法プログラムを研究、実践しています。

私が出会う人たちの多くは
「女の子なのにだらしない」「また忘れ物？」「また遅刻？」
「もうちょっとしっかりしなさい」と言われ続けた人たちです。
水中で必死に足を動かす白鳥のように
「普通」になろうとがんばり続けながらも
評価を得られていない人たちです。
自分が悪い。自分がダメなんだ。そう思って傷ついて
それでもがんばってきた彼女たちを応援する本を作りたい、
そんな思いから生まれたのが本書です。

ADHDと診断された人、診断はされていないけれど
その特性を持つことで「生きにくさ」を感じている人を、
本書では「ADHDタイプさん」と呼ばせていただいています。
（もちろん私もその一員です）

本書に書かれているさまざまなノウハウは
私が専門とする認知行動療法をもとにしています。

変えなくてはいけないのは環境やその方法であって
あなた自身ではない。
「こうすべき」と思っていることは
もしかしたらしなくていいことかもしれない。
がんばるなら適切な方法をとり入れてがんばっていこう。
そんなメッセージが込められています。

PART1のように思い悩んでいた人が
PART2 〜 6を読み進め、解決法を実践したことで
PART7のような前向きな気持ちになれるように
と願って作りました。

長い本なので、いっぺんに読まなくてもだいじょうぶ。
「これ、やってみたい」と思ったら
そこで本を閉じて、手帳やキーファインダーを
買いに走ってもいいのです。
すぐ行きましょう。
本文中にも何度か書いていますが
ADHDは鮮度が命！
その気になった瞬間が動くときです。

すぐ行動。
そして小さなごほうび。

それを繰り返しながら読んでくださったら
こんなにうれしいことはありません。

2021年2月

中島美鈴

ＡＤＨＤの特徴

ＡＤＨＤは「注意欠如・多動症」と呼ばれる発達障害
の一つです。簡単に説明すると、以下の3つの特徴が
あります。

多動性

じっとしているのが
苦手。
落ち着きがない。

不注意

集中が続かない。
気が散りやすい。
片づけられない。
忘れっぽい。

衝動性

思いついたら、
よく考えずに
すぐ行動したり
話したりする。

このような特徴があったとしても、ＡＤＨＤかどうかは医
療機関で詳細な検査を受けなくては診断できません。
それでも、このような特性をかかえることで「生きにく
さ」を感じている人は多くいます。そんな大人の女性の
ことを、本書では「ＡＤＨＤタイプさん」と呼んでいます。
正式な診断の有無よりも、PART1を読んで「あてはま
る」「自分のことかも」と思ったなら、この本がきっと
役立つことでしょう。

PART 1

気づいてしまった、生きづらい自分

PART 2

性格の問題じゃなくて、脳のクセ

PART 3 「時間」を 自分のものにする

PART 4 モノと私のベターな関係

PART 5 傷つきやすさの コントロール法

PART 6 人間関係のお悩み相談室

PART **7** ＡＤＨＤタイプのままで
しあわせに生きる

気づいてしまった、
生きづらい自分

大人になるにつれて、うまくいかないことがふえてきた。
周囲が自分を見るまなざしも、なんだか厳しく感じられる。
もしかして、生きることに苦労しているのかな。

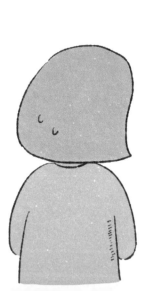

> # 子どものころ、そういえば
> # いつもしかられていた

「また忘れたの?」　「まだやっていないの?」
「どうしてそんなに毎日遅刻しちゃうの?」
「やればやりっぱなし、　使えば使いっぱなし」
「またボンヤリしてたでしょ」
「ほんとうに三歩歩けば忘れちゃうのね」

また忘れたの?

またなくしたの?

まだやってないの?

そういえば、よくしかられていた。
普通の子が普通にできることがうまくできなくて
よくあきれられていた。
夏休みの終わりに泣きながら宿題を終わらせるのは恒例行事。
テスト勉強の段取りを組むことがいちばんの苦手科目。
机の上も、机の中も、机の下もぐちゃぐちゃ。
忘れ物ランキングではだいたい女子トップ。
水泳バッグにタオルも帽子も検温表も入れたのに、水着がない。
宿題も書道セットも連絡ノートもちゃんと入れたのに
ランドセルを背負わずに登校してしまう。
朝は起きられない。夜は眠りたくない。
親の必死のサポートでなんとか学校生活をクリアした。

楽しいこともたくさんあったりれど
いま思えば「私ってダメな子なんだなぁ」っていう気持ちが
心の中に降り積もっていったのが子ども時代。
みんなはちゃんとしているのに
自分だけダメなんだってなんとなく思っていた。
でもね、ドーンと落ち込んでも、すぐに忘れてしまう。
何度言われても同じ失敗を繰り返してしまう。
でもどうしていいかわからない。
「困った子」だと思われていた私は、
ほんとうのところ、とても「困っている子」だったのだ。

いつも何かさがしている、それが私の人生

さがし物はなんですか？
財布です。 家のカギです。 マイナンバーカードの通知書です。

さがし物はなんですか？
テレビのリモコン、 エアコンのリモコン、
ルームライトのリモコン、 ありとあらゆるリモコンです。

さがし物はなんですか？
パスポートです。 これはヤバイです。
あしたの早朝から海外出張なんです。

さがし物はなんですか？

印鑑です。 いや、 印鑑は見つかったけれど朱肉がないんです。

朱肉もあったけれど、 さっき書いた請求書がありません。

ようやく請求書が完成したのに、 今度は封筒と切手がないのです。

全部見つかったので、 これから送り先の住所をさがします。

さがし物はなんですか？

モンブランのボールペンです。

亡くなった祖父が就職祝いにくれた名前入りのボールペンです。

一生大切に使おうと心から思っているのに見つかりません。

どこに行ったんだ。 どこだ、 どこだ。 どこに消えたんだ。

二度と手に入らないものでも、 私はあっさりなくすのです。

さがし物はなんですか？

自信です。 私はだいじょうぶと思える安心感です。

私はそれをずっとずっとずっと、 さがし続けているのです。

汚部屋の住人として生きるのは
もうイヤだ

散らかっている。 常に散らかっている。
たとえばテーブルの上。 ここだけでもカオス。
飲みかけのペットボトルが5本。 食べかけのお菓子が7種類。
洗っていないマグカップが2つとコップが2つ。
小さなお皿の上には使い終わったティーバッグがこんもりと。
その隣には家のカギ、 納豆のねりがらし、 電気料金の督促状。
味つけのりのパック、 単4電池、 ふくらんだ買い物袋。
しょうゆの小びん、 3日前のレシート、 すし屋のメニュー。
ダイレクトメール、 ハサミ、 丸まったティッシュ、 謎のネジ。
ボールペンのかえ芯と、 針の入っていないホチキス。
マニキュア、 USBケーブル、 保冷剤。
まつ毛ビューラーがなぜここに?

どうしてこんなことになるのだろう?
ついさっきの、 私の動きを巻き戻してみよう。

家に帰った私の手には、買い物袋とダイレクトメール（DM）。
封筒の中身が気になるのでハサミで封を切って中を見たけど
まったく興味のない商品の案内レターだった。ガッカリ。
秒でDMへの興味が消えた。同時に、DMもハサミも意識から消えた。
だからテーブルの上へそのまま放置。
「そうそう、買ったものを冷蔵庫へ入れなくちゃ」
買い物袋からひき肉とビールをとり出して冷蔵庫に入れて
「さて、大急ぎで夕食の準備だ！」
でも、袋の中にはティッシュペーパーと除光液が入ったまま。
そして飲みかけのペットボトルがあと1本追加されている。

ほとほとイヤになっているのに、新しく加わったものたちも
あっという間にテーブルのカオスになじんでいくから不思議。
しかたがない。
テーブルの上のものをガサッと右に寄せて、さあ夕食だ。

ケアレスミスをしない方法、誰か知っていますか？

ええ、ケアレスミスは得意技ですよ。

三人称単数のsをつけ忘れたり、「番号で答えなさい」の質問に

言葉を記入したりするのは学生時代の基本中の基本。

シチハゴジュウハチ？　高校生になっても九九でつまずくし、

センター試験のときにマークシートの解答欄を

大問1つぶん、すべてズラして塗ってしまったなぁ（遠い目）。

でもあのころはまだよかったんです。

「ああ、もう私ってなんてバカ!」ですんでいたのだから。

社会人になるとそうはいきません。

どんなにアイディアがあっても、どんなに企画力があっても

その能力を発揮できるポジションにつく前に

「できないヤツ」の烙印を押されてしまうから。

当然ですよ。わかっています。

企画書の日付が違う、商品名が違う、とじる順番が違う。

メールを送った瞬間、別の会社の人だと気がつく。

入金依頼を忘れる。入金すると支払いの額がひとケタ違う。

打ち合わせの日も、時間も、場所も
全部まちがえた経験があるんです。
「申しわけありません!」。何度も何度も頭を下げてきました。

1回なら笑って許される。2回目でもまだだいじょうぶ。
でもね、毎日2回も3回もやらかすと、もう誰も笑えない。
私だって笑えない。
わかっています。「見直し」です。見直しすればいいんです。
動く前に「ちょっと待て」と思えればいいんです。
それだけのことが、どうしてもできないから困っているのです。

> 私のまわりで時空がゆがむ。
> え？　もうこんな時間？

ああ、遅刻だ。　もう間に合わない……。
そんな巨大な絶望感を、何度味わってきたことか。

朝、目覚めて時計を見てサーッと青ざめる。
30分後の電車に乗らないと遅刻しちゃう！
まずは服を着ようと着がえ始めると、
どういうわけか2つそろった靴下が存在しない。
洗濯物の山をひっくり返して1つ発見。「やった！」
と思ったのもつかの間、最初にあった靴下がなくなっている。
もういい。　左右の長さは微妙に違うけど、黒は黒。　これでいく。

顔を洗ってメイクして歯みがき。 すごいスピード。
あら、 さすが私、 なんとかギリギリ間に合いそう。
ひと安心してトイレに入って座ったら、
きのう買ってきた雑誌が目に入る。
パラリとページをめくったのは一瞬だったはずなのに、
気づけばトイレに8分も滞在してしまった。
ああ、 乗るはずの電車に間に合わない!
あわてて靴をはいてドアのカギをかけた瞬間、 気がついた。
スマホを忘れた。 どう考えても戻る案件。
ああ、 遅刻だ、 もう間に合わない……。

私の時間はときどきワープする。 私の意識もワープする。
悪い夢の続きのように、 時間が足りない。
間に合うはずの場所にいつまでたってもたどり着けない。
私の時空は常にどこかゆがんでいるのだ。

集中しすぎて気づけば朝！
オン・オフスイッチはどこ？

夜ふかしという持病がある。
30分だけやろうと思って始めたゲームは
ステージを1つクリアすると次をやらずにはいられない。
1話だけ、と見始めたドラマは
続きが気になって眠れないからあと1話。そしてもう1話。
家で仕上げちゃおうと思って持ち帰った企画書に
手をつけ始めたのは深夜2時。
どうしてだろう、深夜になるほどスイッチオン。
途中でストップできず、気がついたらもう夜明け。
だから、きょうもまともに寝られなかった。

かと思えば、家に帰って「ああ、疲れた〜」ってソファに腰かけて
5分だけの休憩のつもりが深夜3時。寝ていた。一瞬で。
メイクを落として、おふろに入って、
着がえてベッドに入ったはずだけど
それは全部、夢の中の出来事だった。
いまからシャワー浴びる？　せめて顔、洗う？

ムリムリ、ムリだよ。やらなくちゃ、でも起きられない。
深夜のソファの上で、私のスイッチはオフのまま。
気がつけば、窓の外はいつしか白々とした朝の空気。
やっぱりきょうも、まともに寝られなかった。

なぜちゃんとした時間に、ちゃんとした状態で寝ようとしないの？
なぜ朝起きて、「うーん、きょうもがんばるぞ！」って
さわやかに一日が始められないの？
そう思っているのに、きょうもきっとまともな眠りは訪れない。

「なんでもっと早く提出しないの？　こっちの都合も考えて!」
と、かわいい後輩を怒鳴りつけてしまった。
おまけに過去の失敗まで持ち出してしかりつけてしまった。
でも、冷静に考えるとそこまで怒ることじゃない。
なんでそんなに腹が立ったんだ？
私は締め切りが迫ったタスクに追われ、しかも上司に
「この書類はまだ?」と言われてパニックになっていたのだ。
そんな最悪のタイミングに「書類のチェックをお願いします」
と言ってきた、それだけのことだった。
あの子には何の落ち度もない。私の問題。ああ、自己嫌悪。

「あなたって、ホントに思いやりのカケラもない人間ね!」
と、大好きな彼を泣きながら責めてしまった。
ついでに皿まで投げつけた。
彼はため息をついて帰ってしまった。
彼の何が私を怒らせたんだろう。

そう、「部屋が汚い」と言われたんだ。私はその言葉に傷ついた。
だからゴメンと言ってほしかった。いや、彼はゴメンと言った。
正確に言えば、ゴメン、ゴメン、と言ったのだ。
そんなカジュアルな謝罪では納得できない。
膨大な利子をつけて、のし紙をつけて、ていねいに謝ってほしかった。
私の期待が大きすぎただけの話だ。私の問題。ああ、自己嫌悪。

私の中の感情は、ときどき私の手に負えない。
そしてどういうわけか、あふれる感情で誰かを攻撃するとき
私の中にしびれるような快感がある。
そんな自分がたまらなくイヤになることがある。ああ、自己嫌悪。

気がつけば二番目の女。
どうして愛されないの？

恋をしている。
私がどんなにしゃべりすぎても笑顔で話を聞いてくれる人。
話はおもしろくて、 私以上におしゃべりが好き。
二人でいるときにはいつも大爆笑。 食べ物の好みもぴったり。
唯一の欠点があるとすれば、 彼女がいるってこと。
本人もそう言いながら、 私のことを熱い目で見る。
だったらいい。
彼女がいるとか、 いないとか、 そんなのどっちでも。
いま、 いっしょにいられたらそれでいい。
キスしたい。 抱き合いたい。 そばにいたい。
彼に喜んでほしい。 だってそれが私の喜びだから。

気がつけば、 「了解ずみ」 の二番目の女になっている。
でも、 そういうことはこれまでに何度もあったこと。
みんな最初はやさしくても、 だんだん私に冷たくなる。
あんなに楽しかった二人の時間も冷え冷えとしてくる。
それでも、 別れてひとりぼっちになるのはもっとイヤ。

自分は失敗だらけのダメな人間だから、しょうがないよ。
この人を失ったらきっと何も残らないから、しょうがないよ。

最近ちょっとお酒の量がふえてきたみたい。
だって飲むと心の痛みが消えるから。
ふわっとラクになるような気がするから。

あんなこと言わなきゃ
よかった……後悔ばかり

気づいたら自分を責めている。 いつもいつも。
この人が不機嫌なのは、 私がやらかしてしまったからだ。
きっとまた不愉快なことを平気で言ってしまったに違いない。
いや待てよ。
ないしょの話だと気づかずに言いふらしたのかもしれない。

小さいころからしかられていた。 あきれられていた。
しょっちゅうやらかしているくせに、
立ち直りが早くて、 すぐ忘れちゃって、
だからみんな
私は何も気にしない
鈍感な子だと思っている。

でもね、 ちょっと違うんだ。

何十年も自分という人間とつきあっているから、 気づいているの。

失敗して迷惑をかけてしまった相手の、 少し冷えたまなざし。

「変わった子だな」 と思われたときの、 微妙な距離感。

カーッとなって感情的になった私に向けられる小さな軽べつ。

あんなこと、 しなきゃよかった。

あんなこと、 言わなきゃよかった。

なのに、 きょうも口から出るんだ。 言わなくていい言葉が大量に。

子ども時代はタフだったなぁ。苦労したのは大学時代から！

中島美鈴

認知行動療法を専門とする臨床心理士。大学院生のころに『片づけられない女たち』（サリ・ソルデン著／WAVE出版）を読んで「自分にもＡＤＨＤの特性がある」と自覚した。

編集者Ｍ（20代後半）

女性誌編集者。あふれだす企画力、図々しいほどのアピール力、ものおじしないインタビューには定評があるものの、遅刻と締め切り破りの常習犯で校正力はゼロ。ＡＤＨＤの診断は受けていない。

美鈴先生、はじめまして！　きょうはＡＤＨＤタイプの生の声を聞かせてほしいと主婦の友社のKさんに誘っていただいたので、おじゃましました。どうぞよろしくお願いいたします！

こちらこそ！　MさんはＡＤＨＤの診断は受けたの？

いえ、**本を読んで「私のことじゃん！」**って思っただけなんですが、100％あてはまります。ＡＤＨＤタイプだと思うんです。

どんなところがあてはまると思ったの?

まず**不注意**です。片づけは本気でできません。職場の机の上も、一人暮らしの部屋も**常にカオス**です。モノをなくすのはしょっちゅうです。子どものころから**うっかり八兵衛の孫**と言われていて、ランドセルを通学路に忘れて帰ったこともありました。

定番ですね〜(笑)。おしゃべりも得意そう。

はい、止まりません(泣)。新入社員のころは、タレントやアイドルのインタビュー中に自分の話ばかりしちゃって、**「おまえがしゃべってどうするんだ!」**と何度先輩にしかられたことか。

あはは、それはなかなかのツワモノだ。

これって**衝動性**ですよね。稼いだお金はほとんど洋服に散財しちゃうし、思ったこと全部口から出ていっちゃうし。あ、私、**多動性**もあると思うんです。昔から授業中によく落書きしていたんですが、いまでも**会議中に落書き**しちゃいます。なんか、大人としてダメダメだなぁって……。

でも、インタビュー相手とすぐ打ち解けて話せるんじゃないですか? 企画力もありそうだし、おもしろい文章も書けそう。仕事が大好きっていう空気、伝わってきますよ。

ありがとうございます。**この仕事が天職だ！**　と思ってはいるんですが……スケジュールどおりに仕事を進められないので、編集部だけでなく社外スタッフにも迷惑かけちゃう……自分が情けないです。**社会に出るまで、自分がこんなに無能だって知りませんでした。**

無能だなんて言わないで。でも**女子のADHDタイプさんって大学生や社会人になるまで気づかない人が多い**のは事実よ。

そうなんですか？　それはどうしてですか？

女子は多動が強すぎないことが多いので、目立たないみたい。忘れ物が多くても**親のサポート**があればなんとかなりますから。かく言う私も、大学生になって一人暮らしを始めたときが人生でいちばんたいへんでした。

え？　美鈴先生にもそんな経験が？

大学受験のときからもうたいへん。最初の失敗は、**滑り止めの大学に入学金を納めるのを忘れちゃった**こと。「本命に落ちたら浪人確定だ……」って真っ青になったなぁ（遠い目）。

うわぁ。先生もなかなかのツワモノですね。大学に入ってからも苦労されました？

初めての一人暮らしだったので、**朝起きるってこんなにたいへんなことだったのかってもうびっくり**。遅刻はするし、レポートは期限までに提出できないし、公共料金の手続きができなくて**電気や水道などのライフラインは止められる**し、もうさんざんでした。

そんな女子、私だけかと思ってた（笑）。

最悪だったのはアルバイト。不動産屋さんで事務の仕事をしたんですが、**書類が足りなかったり家賃の振込先をまちがって伝えたり**、ほんとうに仕事ができなくて……。でもそのバイト先は柔軟な会社で、「中島さん、営業やってみたら?」って言ってくれたんです。そうしたら**社員を抑えて営業成績トップ**になっちゃった（笑）。

トップ!　カッコイイです。師匠と呼ばせてください!

いやいやそんな（笑）。でも、**同じ私という人間なのに、事務をやればダメ人間、営業をやれば優秀**って評価が大きく変わることを知ったのは発見だった。私自身は何も変わっていないのに、**環境が変わるだけで評価が全然違ってくる**って、おもしろいことよね。

ホントですね。私もすごくだらしない人間なんですが、いい本を作りたい、みんなに興味を持ってもらえる本にしたいって心から思っていて、そういう部分ではすごく評価されるんです。

そうでしょ？　「私」そのものがダメなわけじゃないってこと。物の見方やとらえ方、行動のしかたを変えることで、**ダメがダメでなくなる**、それが**認知行動療法の考え方**なんです。

むずかしい言葉が入ってきましたね。もう少しわかりやすく話していただいていいですか？

あ、いきなり編集者さんっぽい（笑）。じゃ、具体的に説明しましょう。ADHDタイプさんの場合、「自分がだらしないから部屋が汚いんだ」とか、「私がワガママだから、やりたいことしかやろうとしないんだ」って自分を責めてしまいがちです。

そのとおりです〜。でも実際にそうですよね？

そうですか？　「だらしない」「ワガママ」に見える行動をしていることが問題なだけで、**行動そのものが変われば評価も変わっていくんじゃない？**　計画性のない行動、衝動性の高い行動、そういう行動を変えることが大事なのであって、**あなたそのものを変える必要はない**ってことです。

でも先生、行動を変えられないから困っているんです。超有名なお片づけの本も読んだけど、部屋は全然片づきませんよ。

それはね、その本が悪いの。あなたが悪いんじゃない。

え？　超有名ベストセラーのお片づけ本を全否定？

 いえいえ、本そのものはすばらしいですよ。でも著者はADHDタイプさんとは正反対。私たち向きの本じゃないんです。

 あ、そういう意味ですね。

 完璧に片づける必要なんてないの。片づけ名人になる必要もないの。**大事なことは、印鑑がすぐ見つかるってこと。**苦手は苦手のままでいいから、最低限、生きていけるように努力しよう。そういうことです。

 なるほど！　**ハードルがめちゃくちゃ低い**ですね。なんかできそうな気がしてきた！

 その素直さ、モチベーションの高さがADHDタイプさんの長所ですよね。でもね、残念なことに**脱落率も高い**の。

 いきなりとんでもない予言をしますね、先生。

 脱落しやすいのも続かないのも、**脳のクセ**のせいなの。だから「やり方」を学ぶ前に理屈の部分を知ってください。

 そこはPART2でくわしく説明していただきましょう。

「ああ、またやらかしてしまった……」

そんな後悔の日々から脱却したいなら、
まずすべきことがあります。
それは自分の特性を受け入れること。

つらいけど目をそらさないで！

性格の問題じゃなくて、
脳のクセ

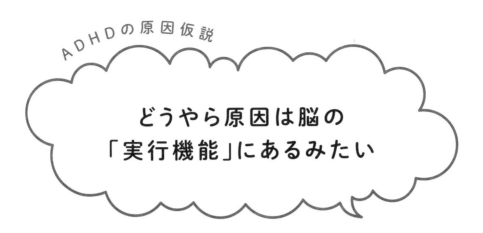

ADHDの原因仮説

どうやら原因は脳の「実行機能」にあるみたい

私たちADHDの脳には
ちょっと変わったクセがあります

注意欠如・多動症。 略してADHD。 このやっかいな 「障害」
の原因は、 まだはっきりとはわかっていません。
注意欠如という不注意も、 多動性もADHDの 「結果」 として
起こることであって 「原因」 ではないのです。

とはいえ、 さまざまな研究からわかってきたことがあります。
遺伝性は高いようです。 ある研究によると遺伝率は80%近く。
確かに両親や親戚を見回せば、 似たような人がいるものです。
ではいったい彼らの何が遺伝してしまったのでしょう。
1990年以降、 MRIなどの脳画像診断技術を用いた研究が進み
「危険を察知するときに必要な脳の右半球が小さい」
「脳の形態が定型発達の人と違っている」
「自己コントロール力をつかさどる前頭葉の活動性が低い」
ということがわかってきました。 そう、 脳が少し違うんです。

根性がないわけでも、意志が弱いわけでもない。
人とは少し形や働きが違う、クセのある脳を持っているのです。
そんな脳を持っていると、どんな問題が起こるのでしょう。

計画して実行して完成させるのがむずかしい

アメリカの発達障害の専門家で心理学者であるトーマス・E・ブラウンは「実行機能障害」という仮説を立てました。実行機能とは **計画を立てる⇒集中して実践する⇒別の刺激に飛びつきたい気持ちを抑える⇒最後までやり遂げる** というハイレベルの脳機能です。幼い子どもはこの機能が未熟ですが、20代くらいまでには発達すると考えられています。
そんな実行機能の「発達」が「障害」されているのがADHD。
この説が、現在は最も有力なのです。

そして実行機能の障害があるとなぜADHDの症状が出るのかはイギリスの心理学者エドマンド・ソヌガ・バークらの研究でわかってきました。**「抑制制御」「報酬遅延」「時間処理」**という3つの経路が障害されるからだ、という仮説があります。言葉がむずかしくなってきましたね。でももう少しだけついてきてください。この本の重要なポイントですから。次のページから、もう少しやさしい言葉で説明したいと思います。

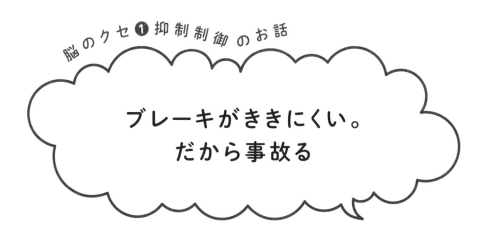

■「うっかり事故」が多発するのは
立ち止まって考えることができない脳のせい

「抑制制御（inhibitory control）」、むずかしい言葉ですね。
簡単にいえば、気持ちがあちこちにそれてしまうことを抑えつけて（抑制）自分の意思でコントロールすること（制御）です。
そこに障害がある、というのが1つ目。
ひと言でいえば「ブレーキのききが悪い」ってことです。

たとえばこんな実験があります。
コンピューターの画面上に緑色の矢印が表示されたら、矢印と同じ方向にあるボタンをクリックする、赤い矢印が出たら反対側のボタンをクリックするという実験です。簡単なようですが、多くの人はとっさに矢印と同じ方向のボタンを押したくなるものなのです。その気持ちを抑えて「赤だから反対じゃん！」と逆方向のボタンを押せるかどうか、それをみるのがこの実験の目的です。
これをADHDの子とそうでない子たちにやってもらったところ、結果は、はい、みなさんの予想どおり
ADHDの子たちだけ、よい成績をとることができませんでした。

ADHDの特徴の一つに「不注意」があります。
その原因は明らかにされていませんが、脳のブレーキがききにくいということで説明できるのです。

抑制制御できないことが あらゆる「やっちゃった」の根底にある

ブレーキがききにくい＝衝動をコントロールできない
というと、カーッとなったら乱暴しちゃうとか、暴言を吐くとか、
そんなイメージを持つ人もいるかもしれません。
でも、そんなことはめったにないですよね。よほどのことがな
い限り、ふだんはちゃんとがまんしますよ、大人だもん。でもね、
実はいろんな困りごとを引き起こす要因になっているんです。

たとえば、にっくき忘れ物。
出かける前にもう1回持ち物を見直せばいいものを、
出かけたい気持ちを抑えきれずに家を出てしまう。
頭の中は電車の時間に間に合うかどうかでいっぱい。
駅に着いてから「定期がない！」とあわてる。

たとえば、悲しいなくし物。
ちゃんと手に持っていたはずなのに、次の活動に気持ちが向

いてしまうことを抑えきれず、本来戻すべき場所に戻さないで「なんとなくそのへんに」おいてしまう。そこに別のものが積み重なったり、おいたまま移動してしまったりして、なくなる。

たとえば、時間内に仕事が終わらない。
予定していた課題をやっている最中なのに、つい「あ、そういえばきょうは○○のセールだった！ ネットで注文できるかな?」と頭をよぎるともう抑えられない。

たとえば、人の話をちゃんと聞けない。
おしゃべりしている最中に、相手の言葉から連想ゲームで思い浮かんだことに気がそれてしまう。相手はまだその話をしているにもかかわらず気持ちはもう次の話題に進んでいる。

たとえば、確認しないで先走ってしまう。
頼まれた仕事の中身をちゃんと確認しないで始めてしまって、あとから大幅なやり直し……。
そう、どれもこれも「抑制制御の障害」が原因なのです。

待てない。続かない。ときどきやめられない

▌多いごほうびよりも早いごほうび。のんびり待ってはいられない！

「報酬遅延の障害」 これもわかりにくい言葉ですね。

英語だと 「delay aversion」。 遅らせることへの嫌悪感という意味です。 つまり **「ごほうびが遅いのはがまんできない！」** という障害なのです。 え？　ますますわからない？

たとえばこんな実験があります。

宇宙船を撃ち落とすコンピューターゲームをADHDの子とそうでない子にやってもらいます。 宇宙船の落とし方は2パターン。

①2秒待つと1回で1隻の宇宙船を撃てる。 ポイントは1。

②30秒待つと1回で2隻の宇宙船を撃てる。 ポイントは2。

時間制限はなく、 宇宙船を撃つチャンスは15回まで。 合計得点に応じてごほうびが1個か2個もらえるルールですが、 何点なら2個もらえるかは伝えていません。

より高い点数をとったほうがもらえる確率が上がるのは確かなので、 ②のほうが確実です。 でも15回撃ち終えるには7分半もかかります。 ADHDの子はどちらを選ぶかというと……

はい、 予想どおりです。 ①のパターンで早く撃ち落として早くごほうびをもらう子が続出したのです。

多いごほうびよりも、 早いごほうび。 それが 「待てない、 続かない、 ときどきやめられない」 原因なのです。

アリとキリギリスなら絶対にキリギリス。遠い先のごほうびは目に見えない

「報酬遅延の障害」、つまり「ごほうびが待てない障害」の人は日常生活で2つの壁にぶち当たってしまいます。

一つは、長期間続けないと結果が出ないものに対してがんばり続けることができない、ということです。
アサガオの観察日記、キライだったでしょ?
日記も交換ノートも、最初はワクワクするのに三日坊主。
仕事もそうですよね。新しいプロジェクトにワクワクするのは最初だけで、徐々に飽きてきてしまいます。

もう一つは、**「がまんできない」**ということです。
ADHDにはありがちな、「質問が終わる前に話し始めてしまう」「相手の話をさえぎって自分の話をする」というのも、ごほうびが待てない性質からきているのです。

その一方で、報酬遅延の障害は**「やめたいのに、やめられない!」という衝動**にもつながっています。

「注意欠如」といわれる**ADHD**の傾向とは一見正反対のようですが、実際には「過集中」、つまりのめり込みすぎてしまう傾向もあるのです。その代表がゲームやギャンブル。

ゲームもギャンブルもすぐに結果が出ますし、成功した喜び（ごほうび）も大きいもの。また次のごほうびがほしくて、やめることができなくなってしまうのです。

1週間待てばもらえる1万円より、きょうすぐもらえる1000円を優先させてしまう。

1週間待てばセール価格で買えるのに、いますぐほしくて定価で買ってしまう。

コツコツ実績を積んで周囲の信頼を勝ちとるよりも、どでかいヒットをねらいたい。

その潔さも魅力ではあるけれど、アリとキリギリスの物語ではキリギリスは冬に凍えて死んでしまうのです。

チ〜〜クタ〜ク チクタク チ〜ク タク 時計のリズムは乱れがち

▌頭の中の時計の針が 早すぎたり、遅すぎたりするのです

時間は目に見えません。 にもかかわらず私たち人間は
「そろそろ1時間たったかな」 「いまは午後3時ごろかな」 と
肌感覚で時間をとらえています。 そして 「この仕事はあと3日
かかるな」 とか 「あと1時間で終わりそう」 という見通しを立
てて行動することができるのです。 これが時間処理能力です。
困ったことに私たちADHDは、 ここにも障害があるようです。
それを 「時間処理 (temporal processing) の障害」 といいます。

たとえばこんな実験があります。
子どもたちに、 1〜2秒おきに出る音に合わせてボタンを押し
てもらいます。 それを15回繰り返したあとで、 16回目からは
自分の感覚だけを頼りに、 最初の15回と同じタイミングでボタ
ンを押してもらいます。 正確に押せた場合の時間と、 実際に
かかる時間のズレを調べる実験です。 さてその結果は?
はい、 みなさまの予想どおり、 ADHDの子どもはほかの子より
も時間のズレが大きかったのです。

時間感覚がズレている。 それは時間処理の障害です。 だから自
分では10分で終わると思っていることが、 40分かかるのです。
5分しかたっていないつもりが、 15分経過しているのです。 **「締
め切りに間に合わない問題」** の原因はここにあるのです。

▌時間を気にしていないように見えて いつも時間に追われている私たち

私たちの脳内時計は、めちゃくちゃゆっくり進んだかと思えば、
急に早くなったり、チクタクチ……で止まってしまったりします。
時間をつかさどる小脳の働きに不正確さがあるようです。
そのせいでいろいろな問題が起きてきます。

たとえば、思った以上に時間がかかっていることに気づけない。
朝、歯みがきにかかる時間、メイクにかかる時間、着がえに
かかる時間……一つ一つの時間が正確に認識できていません。
だいたいの場合、実際にかかる時間よりも短く見積もっている
ので、時間に遅れてしまうのです。

たとえば、上司に「その仕事、あとどのくらいで終わる?」と
聞かれても、かかる時間を正しく見積もることができないので、

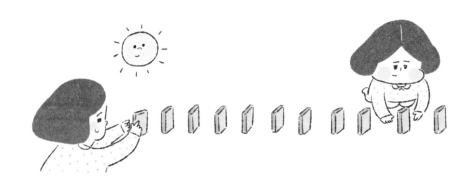

50

つい願望で 「あと1時間くらいでしょうか」 なんて答えてしまうわけです。 実際には1日かかったりするのにね……。

さらに、 目的地への到着時間を読むのもニガテ。
いまどきはネットで交通機関にかかる所要時間を確認することができるのですが、 「家から駅までの時間」 「1本乗り遅れたらどうなる」 などの見積もりがうまくできていないこともあります。

そして気づけば時間がワープしてしまう。
ちょっとだけ休憩……とスマホをいじったとたん、 30分後にワープするのはよくある話。

時間に遅れる、 間に合わないというミスが多いせいで 「時間を気にしない人」 と思われがちですが、 実際には不正確な脳内時計に振り回されながら生活しているのが私たちの実態です。

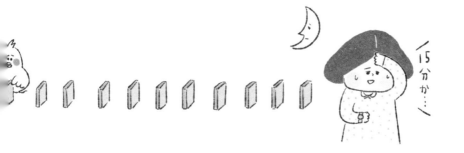

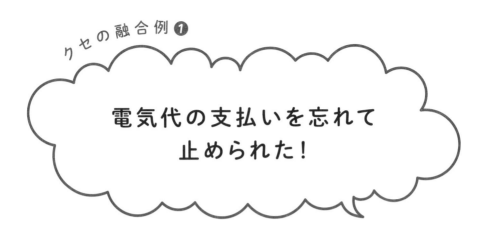

電気代の支払いを忘れて
止められた！

■「やらなくちゃ」と思いながら先送り。報酬遅延の障害のほかにも原因が

ここまで紹介した3つの 「脳のクセ」。 これらは単独で問題を
起こしているわけではなく、 多くの場合、 絶妙なチームプレー
で私たちを苦しめています。 その具体例を紹介しましょう。

一人暮らしを始めたばかりの大学生や社会人1年目の人にあり
がちなのが、 公共料金の払い忘れです。
電気代を自動引き落としにする手続きのために銀行に行かなく
てはいけないのに、 「やらなくちゃ〜」 と思いながらつい先送
りしてしまいます。 さらにめんどうなことに、 銀行の窓口があ
いているのは午後3時まで。 その時間までに行くことができな
いのです。
「しかたがない。 振込用紙を使ってコンビニで支払うか」 と思
ったのに、 届いたはずの振込用紙が見つかりません。 「マズ
イなぁ」 と思いながらも、 さがすのは少しめんどうくさい。 し

かも初めての一人暮らしは自由で充実感にあふれ、電気代のことなどすっかり忘れてしまいました。そんなある日、スイッチを入れても電気がつかず室内は真っ暗。まさかこんなことになるなんて!

このトラブルの背景にあるのは脳のクセである「報酬遅延の障害」です。電気や水道などは使えてあたりまえのもの。支払わないとどうなるかはイメージしにくいうえ、電気を止められてしまうという**「マイナスの報酬」**にはリアリティーがありません。その結果、目先の「一人暮らしの楽しさ」のほうに心を奪われて、めんどうなことを先送りにしてしまいました。

また、時間内に銀行窓口に行けないことは「時間処理の障害」、振込用紙を紛失してしまったのは、「抑制制御の障害」によるうっかり行動からきているのでしょう。

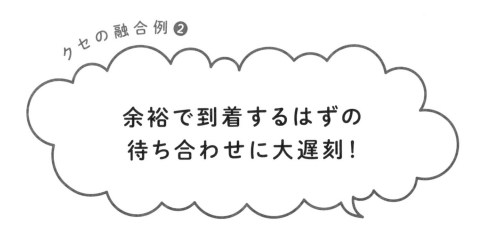

余裕で到着するはずの 待ち合わせに大遅刻！

■ 時間処理の障害の典型例だけれど 「ブレーキがきかない問題」も隠れている

たとえば、つきあい始めたばかりの彼との初デート。誰だってあわただしいのはイヤですよね。早めに起きて、身支度を完璧にして、10分前には待ち合わせ場所に到着したいものです。そのつもりで準備していたはずなのに、突然「え？　間に合わないかも！」という状況に陥ることがあります。どうしてでしょう。

最初は「1時間もあれば余裕で身支度できる」と見込んでいました。でも、デートのときのメイクには気合いが入ります。着る服は前日から決めていたにもかかわらず、「やっぱりこっちがいい」と脱いだり着たりし始めました。そのうち「さっきまでつけていたネックレスがない」とさがし始め、どんどん時間がなくなっていきます。「電車の時間を確認しなくちゃ」とスマホのアプリで検索したとたん、出てきた広告に目を奪われてクリック、以前からほしかった商品が20％オフだったのでつい

注文してしまったのです。気づいたら予定の電車は出発してしまい、「ああ、遅刻だ!」と髪の毛をふり乱して走る始末でした。

さてこの大遅刻、もちろん時間処理の問題が原因にあります。「1時間でだいじょうぶ」という見積もりの甘さに加え、予定以上の時間をメイクや着がえにさいているにもかかわらず、ネットで買い物までしてしまうのです。時間への意識が低すぎました。

しかもそこには、「したい」という気持ちにブレーキがかけられない抑制制御の問題もあります。

時間がないと知りつつ何度も着がえてしまうこと、着がえることに夢中でアクセサリーを紛失してしまうこと、しかも20%オフにひかれる気持ちを制御できないこと。これ全部、抑制制御の障害です。

ADHDの人生は常に、こんな感じの「なにやってるの私!」のビックリ案件に満ちています。他人に話すと笑ってもらえても、当事者にはとても笑えません。

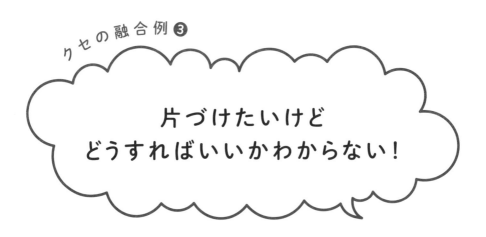

片づけたいけど どうすればいいかわからない！

▌ 3つの脳のクセが複合的に重なって どうにもならない汚部屋になる

ADHDの汚部屋問題はなかなかに深刻です。

床には脱いだ洋服の山、雑誌や本の山、ペットボトルの丘が形成されて床が見えない。モノがじゃまでドアはあかない、もしくは閉まらない。キッチンには使った食器が山積みになり、ソファは乾いた洗濯物に占拠されて人間は座れない。平日は仕事で疲れているから、休日に片づけようと思っているのに、汚い部屋にうんざりして遊びに行ってしまう。そんなわけで常に散らかっているのです。

部屋が散らかる最大の原因は、使ったものを元に戻さないこと。使えば使いっぱなし、脱げば脱ぎっぱなし。使い終わった瞬間に興味が消えるので、気持ちからも視界からも消えうせます。しかも「ほしい」と思ったら衝動的に買ってしまうので、モノは増殖するばかり。これらはすべて抑制制御の障害です。

散らかしても定期的に片づければいいのですが、そこは「先延ばし」です。だって、散らかっていても死なないから。食事の準備をしないとおなかがすくし、何日も洗濯をしないと着る服がなくなるから、生活に直接かかわるデメリットが生じます。でも片づけや掃除にはそれがない。いえいえ、実はあるのですが、見えにくい。だから行動に移せない。そう、これは報酬遅延の障害です。

そして時間処理の障害も関係しています。「この本棚の片づけくらいなら30分もあればすむかな。そうしたらそのあとはテレビ棚も片づけよう。2時間もあればリビング全部片づけられる」なんて、甘い見積もりで計画を立ててしまうけど、実際にはその3倍は時間がかかってしまう。計画どおりに片づけられないと、やる気もなくなるのです。

小さな「足場」を積み重ねて「できる！」のゴールをめざそう

生きることが困難な人ほど便利な道具やシステムを使いこなそう

ここまで見てきたように、さまざまな困りごとはADHDの脳のクセが複雑にからみ合うことによって起こっています。ですから、「あしたから心を入れかえる」「今度こそミスはしない！」という**根性論だけでは絶対にうまくいきません**。ここ、重要です。もちろんやる気はとてもたいせつ。そう決意できる素直さも素敵。それは維持しつつ、具体的な対策をプラスしていきましょう。

いきなりですが、ボルダリングをご存じですか？
「ホールド」と呼ばれる壁の突起をつかみ、それを足場にして壁をよじ登ってゴールをめざすスポーツです。上級者は使えるホールドが少ないのですが、初心者はたくさんのホールドを足場にします。足場が多ければ多いほど登りやすいのです。私たちの人生も同じです。むずかしいときには足場をふやしましょう。足場とは、便利な道具だったり、失敗しにくいシステムだった

り、スケジュール帳だったり、集中できる環境だったり、スマホのアラームだったり、手助けしてくれる人とのいい関係だったり。しかもボルダリングと違って、足場は無数にふやせます。

次の章からは、そんな「足場」のつくり方を紹介します。読みながら「それができたら最初から苦労してないよ」と思うかもしれません。読んだ瞬間に「あ、私にはムリ」と思うかもしれない。でもね、早急な判断はしないでください。あきらめの早さは、抑制制御の障害によるものだと思い直してみて。もし**「これならできるかも」が一つでも見つかったら、それだけでも実践**してみましょう。1カ所だけでも足場ができれば、見える世界は確実に変わるはずだから。実際にやってみても「やっぱりムリ」と思うかもしれません。でも、自分の特性に応じてアレンジしたり、誰かの力を借りたりすれば、うまくいくことも多いもの。成功の喜びは、私たちADHDに絶対に欠かせない「ごほうび」になるはずです。

注意点が一つあります。それは「これをやれば、普通のことが普通にできる」とは思わないでほしいということ。ADHDではない人たちの「普通」と、私たちの「普通」は違います。いえ、「普通」なんて、そもそも存在しないのです。そんなあいまいなものに合わせようと、自分をすり減らしてしまうのはもったいない。私たちの「普通」は「普通じゃない」ことだと胸を張りましょう。

自分の味方は自分だから
行動の理由を理解してあげて!

「脳のクセ」かぁ。ものすごく納得しました。でも先生、こう言ってはなんですが、私たちみたいな脳のクセを持たない人ってこんな苦労をしなくても、いろんな行動がスムーズにできているってことですよね。**うらやましい!**

そうなの。私もずっと「みんな私と同じくらいめんどくさいと思っているのに、そこをガマンして、努力してやっているんだ。えらいなぁ、私ってダメだなぁ」って思っていたの。でも実は、**感じているハードルの高さが全然違った**のよね。

えー、なんだか悲しくなってきました。

でもね、私たちには**私たちにしかない魅力や長所や得意なことも**いっぱいある! それも忘れないでね。

え? ホントに? どんなところ? 教えて教えて!

それよ、それ！　**好奇心旺盛で、子どもみたいに素直で単純。**

えー？　全然ほめられている気がしないんですけど。

そんなことないって。そういう素直な表情を見ると、人は安心するの。それに、その好奇心があるからいろんな企画を立てたり、取材に行こうと思ったりできるんでしょ？　仕事にも大いに役立っているじゃない？

確かにそうですね。好奇心はめちゃくちゃ強いです！

あとは**短期間にものすごい集中力を出せる**のもADHDタイプさんの長所ね。脳の中の報酬系ホルモンがばーっと出るので、過集中になるほどのスピード感で仕事を終わらせることができる。
いまは世界的にも、**ADHDやASD（自閉スペクトラム症）を改善するのではなくて、その長所を伸ばそう**というのが一般的なのよ。

そうなんだ！　でも……うれしい反面、ちょっとためらう気持ちもあるんですよね。もちろんそういう魅力にあふれたADHDもいるんでしょうけれど、私に関して言えば、別にすごくないし。
よく発達障害は天才だ、みたいにいわれるけど、そういうのイヤなんです。そもそも、**アインシュタインみたいな人になりたいわけじゃない**んです。普通のことが普通にできれば、それでいいんです！

そうよね、そう思うよね。でも、普通をめざすのはやめたほうがいいと思うよ。Mさんは発達障害と診断されているわけではないけれど、**発達障害は「治る」ものではないといわれているの。**

そうなんですか？　でもADHDと診断されていても、普通に仕事している人もいますよね？

もちろんよ。**環境を変えたり、行動を変えたりすることで、ラクに生きられる方法はたくさんあるし、**私もそれを伝えているの。それに、私たちが「普通」をめざすのってほんとうにたいへんだと思うよ。そんなに苦労してなるのが「普通」って、なんかつまらないじゃない？　それよりもあなたしか持っていない長所を伸ばそう！　でもそのためには、ニガテも少しは改善しなくちゃね。

問題が多すぎて、どこから手をつけていいかわかりません〜。

Mさんのいまかかえている悩みを教えてくれる？

長くなりますよ〜。まず仕事ですね。仕事への集中力が続かないので、いつもギリギリになっちゃいます。編集の仕事はいろんなスタッフさんがからんでいるので、ギリギリ進行になると迷惑をかけちゃうんです。事務仕事もニガテで、支払いをうっかり忘れちゃったり、机の上が汚いせいで重要な書類をなくしちゃうこともあります。

得意なこともいっぱいあるのに、失敗も目立っちゃうのね。

あとね、家もとっ散らかっています。料理は大好きなんですが、片づけが嫌いで掃除も嫌い。キッチンは油汚れでたいへん。

なるほど〜。買い物も好きなのよね。部屋にモノがいっぱいでしょう？

そのとおりです。クローゼットはもうパンパン。新しい服はカーテンレールが定位置です。洗濯物をたたむのもめんどうなので、ソファの上にこんもりです。
あと、最近は海外ドラマが大問題で……。**1回見終わると「続きを見る」をすぐにクリックしちゃうんです。**あれってなんなんでしょう。自分でも「寝なきゃいけない」ってわかっているんですよ、続きを見たら寝る時間がなくなるって。なのに止められなくて、気がつくともう朝！

それは家でもくつろいでいないってことね。彼氏はいるの？

いるんですけどね……私の部屋が汚いので、来るたびにグチグチ言われてイヤになっています。親しい友達は結婚しちゃったし、遊んでくれるのは彼だけだから別れたくないんだけど、最近ケンカが多くて……。正直いって自己肯定感ゼロです。「なんでこんなにダメなのか自信もないしもう泣きたい。

そっかぁ。でもね、「なんでできないの?」と自分を責めるのはもうやめていいと思うよ。「わかっているのにやめられない」っていう脳のクセなんだもん。でもそれはあまり知られていないから、「わかっているならやめればいいじゃん」って言われちゃう。そこがつらいの。

ほんとうにそうです。でも「なんで?」って思っちゃう。

疑問符は、**「なんで?」**じゃなくて**「どうしたら?」**がおすすめ。「どうしたらやめられそう?」「どうしたら約束を守れそう?」そうやって少しずつ行動を変えていくの。

でもどうしたら行動が変えられるんでしょう?

Mさんは、まず何を変えたいの? どこから変えていきたい?

え……全部です。全部!

最終的にはそうなるといいけど、まずは一歩ずつ変えていかなくちゃ。できればいちばん簡単なところから始めてほしいと思うんだけど、どうかな? たとえば**To-Doリストを作る**、とかね。

作ってますよ! 気づいたらやることをメモしているんです。エッヘン。

そうなんだ。ちなみに、そのリストは有効活用されている？　そのへんに転がっている紙に書いていたりしていない？　書いたはいいものの、どこに行ったかわからなくなっていない？

 ギク！　さすがですね。バレバレです。

 いろんな部分がごちゃごちゃになっている人ほど、**時間管理の方法からスタートする**のがいいと思うの。時間管理が多少でもできるようになると生活にゆとりができてくるし、うまくいくと自己肯定感もアップするから。
あとね、「ごほうび」の使い方がわかってくると、**いろんな面で行動するのがラクになる**。それも時間管理術の中に含まれてくるから、ぜひやってみてね。

 ちなみに、彼氏との関係についても知りたいんですけど、これを早めにしちゃダメ？

 他者がからむものは変えていくことがむずかしいの。もう少し待ってね。時間管理できるようになってからゆっくりお話ししましょう。

 わかりました！　時間管理の方法から教えてください！

毎日をいまより少しでも暮らしやすくするためには
時間管理はとても重要。
時間に余裕ができれば気持ちにも余裕が生まれます。
かかえている困りごとが、きっと少し軽くなるはずです。

「時間」を
自分のものにする

時間に追われるのではなく
自分で時間をコントロールしよう

■ いくつあてはまる？
ありがちな時間管理の失敗

「時間管理がうまくできない」 というのはADHDの人にありがちですが、 そのパターンは1つではありません。 たとえば

● いつも締め切りギリギリか、 遅れてしまう。

● やらなくてはいけないと知っているのに手をつけられない。

● やり始めたけれど到底間に合わないので挫折する。

● 約束の日時を忘れたり、 まちがえたりしてしまう。

● やることが多すぎると感じてパニックになる。

● 寝るのが遅くなるなど生活リズムが乱れている。

● 本来すべきことの途中で、 全然違うことをしてしまう。

● 5分休憩のつもりが気づけば30分たっている。

などなど。 残念ながら 「これ全部、 身に覚えがある！」 という人もいると思います。 だいじょうぶ、 私もそう。 読者の多くもそう。

ではどうしてこのようなことが起きるのでしょう。

さまざまな要因があるのですが、 代表的なものはこんな感じ。

●計画の立て方が不正確。 計画が実際に即していない。

●時間の見積もりが甘い。 必要な作業時間がわかっていない。

●先延ばしグセがある。 せっぱ詰まらないとやる気が出ない。

●本筋よりも枝葉が気になっているうちに迷子になる。

●完璧主義で、 納得できるまで提出したくないと思いがち。

●根性論ややる気で 「なんとかなります」 と言ってしまう。

●時間感覚がズレる、 時間から意識がそれてしまう。

どれもあてはまる人が多いと思います。 だってこれが 「脳のクセ」 なのですから。 でも、 あきらめる必要はまったくありません。 ADHDタイプに合う時間管理の方法があるのです。

時間管理のコツをつかめば
生活スキルが格段にアップする

時間管埋のスキルが上がると、 「締め切りに間に合う」 「待ち合わせに遅れない」 などのメリットはもちろんのこと、 生活すべてが少しずつうまく回るようになります。 ここで得られたスキル （いわば 「足場」 のつくり方）は、 生活のさまざまな場面で応用できるはずです。 自分をラクにしてくれるもの、 自分をラクにしてくれる考え方を身につけるために、 まずは時間管理のノウハウからスタートしましょう。

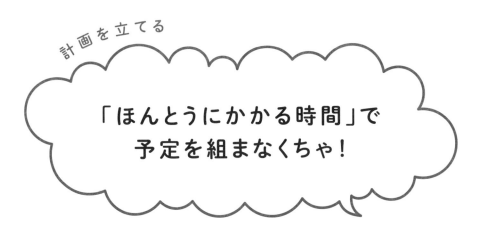

計画を立てる

「ほんとうにかかる時間」で 予定を組まなくちゃ!

■ 締め切りから逆算して考えていますか?

「え? 逆算するんですか? 知りませんでした!」
目を輝かせて感動してくださるADHDタイプさんは1人や2人
ではありません。 そうです、 そうなんですよ。
実は私もずっと知りませんでした。
遅れないように家を出るのも、 締め切りに間に合わせて書類を
提出するのも、 夕飯の時間を一定にするのも、 ポイントは逆算
です。 目標の時間に向けて、 一つ一つの作業にかかる時間を
引き算していくと、 いつ始めればいいかがわかります。
時間管理ができていない人は、 逆算という作業をまったくして
いない、 もしくは不正確だということなのです。
子どものころ、 「計画を立てなさい」 とは言われましたが、 こ
ういう根本的なノウハウは教わりませんでした。 だから計画な
んていいかげんなものだと思っている人もいるかもしれません。
もしそうだったら、 その意識はきょうから変えていきましょう。

▌ かかる時間を正確に知るために
▌ タイムログをとってみよう!

正しく計画を立てるためには、一つの作業にかかる時間を正しく知らなくてはいけません。ここで例題です。 朝目覚めてから家を出るまでのタイムログ (所要時間の実測値) をとってみましょう。

①朝起きて出かけるまでの作業を順番に箇条書きにする。

②一つ一つの作業にかける時間をはかる。

③一覧表にして合計時間を算出する。

あわただしい朝にやるのはたいへんかもしれませんが、 前日の夜に①をすませておき、 枕元にスマホかストップウォッチをおいておきましょう。

タイムログはスマホを使うと便利です

ストップウォッチを使うこともできますが、あらかじめスマホにインストールされているストップウォッチ機能を使う方法を説明します。

①活動の始まりに「開始」ボタンを押して時間をはかる。

②次の活動に移るときに「ラップ」ボタンを押す (「停止」ではなく「ラップ」ボタンを押すことで、「ラップ1」「ラップ2」と項目ごとの時間がたまっていくのでメモをとらなくてすむ)。

③すべて終わったら停止を押す。

④ラップごとの時間を一覧表に書き写す。

便利な「タイムログアプリ」もたくさんありますので、それをインストールして使う方法もおすすめです。

■ タイムログをとり終えたらメモ。 かかった時間はどのくらい?

注意したいのは、 タイムログは極力いつもどおりのスピード感で とってほしいということです。 ADHDタイプさんはつい 「時間 をはかっているんだから!」 とムダにスピードアップしたり、 テ キパキしたりしがちなのですが、 その気持ちはちょっと抑えて。 ゲーム感覚でやりたい場合には、 先に一つ一つの項目ごとに 何分くらいかけているかの予測をメモし、 実際にかかった時間 と比較するのもいいかもしれません。

なお、 項目は10個程度がおすすめです。 ふえすぎるようなら 項目をまとめたり、 「洗面所20分」 など場所別にタイムログを とったりするのでもOK。 実際にやってみた結果が以下です。

朝やっていること	かかった時間
目覚めてから布団を出るまで	15分
カーテンをあける	1分
顔を洗う	3分
朝食の準備	15分
朝食を食べる	10分
朝食のあと片づけ	5分
歯みがき	3分
メイクとヘアセット	18分
着がえ（洋服選び）	15分
持っていくもののチェック	5分
合計	**90分**

▌ タイムログをもとに 朝のタイムスケジュールを見える化

ここからが本番です。 左ページの結果をもとに朝の計画を立て
ていきましょう。 家を出るのは朝8時。 そこから逆算しながら
予定を並べていくと、 起床時間は6時30分ということになります。
タイムスケジュールはこんな感じです。

6：30	目を覚ます
6：45	布団を出てカーテンをあける
6：46	顔を洗う
6：49	朝食の準備
7：04	朝食を食べる
7：14	朝食のあと片づけ
7：19	歯みがき
7：22	メイクとヘアセット
7：40	着がえ
7：55	持っていくもののチェック
8：00	家を出る

作ったスケジュールは見やすい場所にはりましょう。 朝起きた
ら、 このスケジュールに合わせて準備をととのえます。 常に時
計を意識して動くのがポイントです。

このとおりできない場合、 タイムログが不正確なのかもしれま
せん。 もう一度見直しを。 あるいは 「いままでの習慣で、 ベ
ッドを出るのは7時になっちゃう」 という場合、 どこかで15分
削れないか考えてみて。 96ページの 「朝セット」 も参考に。

> # 書かない予定は「ない」のと同じ。
> # すぐ書く、一本化する、持ち歩く

■ 書くものはスケジュール帳。
書類の裏や封筒の端にメモしない

「○月○日13：00から打ち合わせ」

「報告書の締め切りは×月×日午前中」

「見たかった映画の上映は△月△日まで」

といった具体的な日時は、聞いた瞬間にメモしましょう。

「あとで」は絶対に禁止。書かない情報は「ない」のと同じ。あとでやろうと思った瞬間にすべて消え去ります。

といっても、何にでも書けばいいというわけではありませんよ。そのへんにおいていた書類の裏とか、封筒の端とか、使い終わった付箋とかに「とりあえず」メモするのもやめましょう。確実にブラックホールの中に姿を消します。

付箋に書いてパソコンにはるという人もいますが、「メモばかりがふえて風景になっている」「気づいたらはがれてしまった」などもよくある話です。

スケジュール管理のためのアイテムは絶対に1つだけです。

情報の一本化は、私たちADHDタイプにとって最も重大な原則です。これは必ず守ってくださいね。

アイテムは、「スケジュール帳」にまさるものはありません。アナログ派は手帳を、デジタル派はスマホのカレンダーアプリを利用して、そこにすべて記入します。

え？ 手帳に書いたあとに壁のカレンダーにもメモしている？それは危険です。転記モレ、転記ミス、あるあるです。

同様に、手帳の中のマンスリーページと週間ページの2カ所に記入するのも気をつけて。1カ月で見渡したい気持ちはわかりますが、最初のうちはとにかく一本化を続けましょう。

そしてもう一つ重要なのは、常に持ち歩くこと。手元になければ「すぐに書く」ができません。体の一部のように、いつも持ち歩くことをおすすめします。

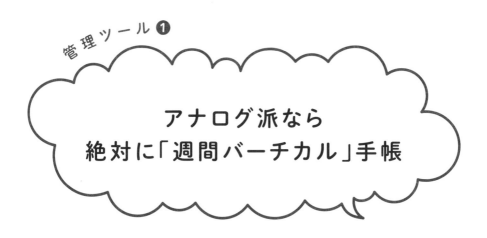

アナログ派なら
絶対に「週間バーチカル」手帳

■ あき時間が一目瞭然。
視覚でスケジュールを理解できる

手帳にはさまざまなタイプがありますが、**ADHDタイプさんに
おすすめなのは週間バーチカルタイプ**、一択です。

1週間の予定を見開きで管理することができるうえ、どこが埋
まり、どこがあいているかが一目瞭然。

仕事も遊びも家族の予定も、スケジュールはすべてここに書き
込みます。使うのは赤・黒・青の3色 "消せるペン" がいいと
思います。書きまちがえても消せるのでゴチャゴチャしません。
サイドには横4㎝×縦10㎝程度の余白があるものがいいですね。
ここに今週のTo-Doリストを書き込むためです。

「そんな手帳、持っていません」というなら買いましょう。**超
重要アイテムなので、一刻も早いほうがいいと思います。**きょう
買いに行けますか? あした? ネットで注文してもいいですね。
すぐに動きましょう。

時間軸が縦になった
バーチカルタイプ

日付や曜日、
祝日などが
入っているものを

3月	1(月)	2(火)	3(水)	4(木)	5
To-Doリスト	6:00	6:00	6:00	6:00	6:0
□	7:00	7:00	7:00	7:00	7:
	8:00	8:00	8:00	8:00	8:
□	9:00	9:00	9:00	9:00	9:
□	10:00	10:00	10:00		10:
□	11:00	11:00	11:00		11:
	12:00	12:00			12:
	13:00	13:00		13:00	13:
	14:00	14:00		4:00	14:
やりたいこと	15:00	15:00		:00	15:
リスト	16:00	16:00		:00	16:
□	17:00	17:00		7:00	17:
□	18:00	18:00		18:00	18:
□	19:00	19:00		19:00	19:
□	20:00	20:00	20:00	20:00	20:
	21:00	21:00	21:00	21:00	21:
	22:00	22:00	22:00	22:00	22:
	23:00	23:00	23:00	23:00	23:
	24:00	24:00	24:00	24:00	24:

サイドに
To-Doリストが
書き込めるスペース

ペンホルダーや
クリップなどで
自分流にアレンジ

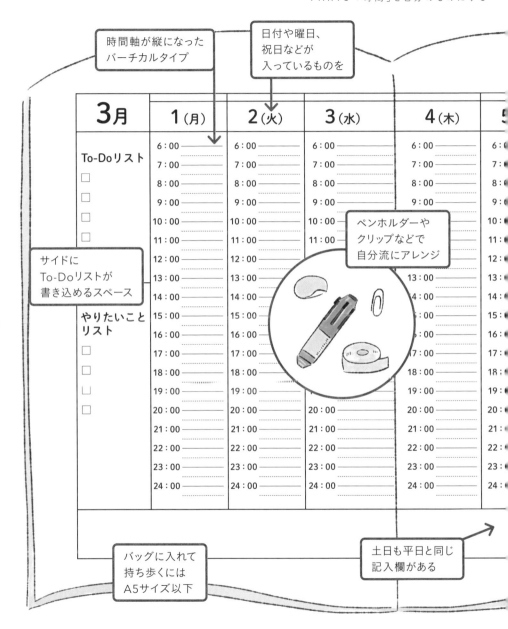

バッグに入れて
持ち歩くには
A5サイズ以下

土日も平日と同じ
記入欄がある

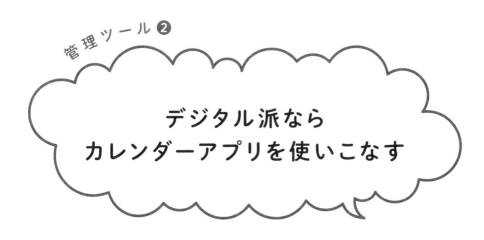

管理ツール❷

デジタル派なら カレンダーアプリを使いこなす

アラーム機能やリマインダー機能で 「うっかり」を阻止しよう

私は思いっきりアナログ派なので紙の手帳が大好きなのですが、スマホとパソコンを連動させて使えるカレンダーアプリを上手に使っている人は「もう手放せない」といいます。

●スマホとパソコン、両方で同じものが確認できる

同じアプリをスマホとパソコンにダウンロードすれば、どちらかで入力した予定が自動で同期できます。一度入力すれば、1日単位、週単位、月単位などで確認することもできます。クラウドで管理してくれるので、万が一スマホを落としたり壊したりしてもスケジュールは消えません。

●アラーム機能やリマインダー機能がある

忘れてはいけないスケジュールがある場合には、スケジュールを入力したあとに「リマインダー」をセット。予定の時間の少し前にアラームが鳴るようにするだけで「忘れてた」を防止できます。位置情報とセットにすれば、ドラッグストアの近くに

来たときに 「洗剤を買う」 などが表示されます。

●予定を共有できる

家族と共有できるアプリを使えば 「きょうは朝早い」 「この日は帰りが遅い」 などの情報を共有できます。 「この予定だけ伝えたい」 という場合には、 相手のメールアドレスに自動で送信することも可能です。

●To-Doリストがリンク

やらなくちゃいけない予定をTo-Doリストに入れておくと、 自動的にカレンダーの中にも入ります。 1回のメモで同期できるのも助かるところです。

便利な機能がたくさんあるカレンダーアプリですが、 まったく使ったことがない人にとってはハードルが高いかもしれません。 「やり方がわからない」 「なんだかうまく使えない」 という状況が続くとスケジュール管理そのものもめんどうになってしまうかも。 まずは紙の手帳からスタートして、 少しずつ移行していくのもいいのではないでしょうか。

やるべきことを書き出して きょうの自分に予約を入れよう

朝のスケジュールタイムに To-Doリストを作る習慣を

スケジュール帳（もしくはアプリ）を用意したら、使いこなさなくては意味がありません。これは単なるメモ用紙ではなく、**あなたの大事な「マネージャー」**なのですから。

スケジュール帳は常に持ち歩いて、一日に何度もチェックしましょう。やるべきことを思い出すために、そして進捗状況の確認のために。**最低でも朝・昼・晩の一日に3回はチェックが必要**なので、まずは「スケジュール帳を見る時間」をスケジューリングするのです。

なかでもいちばん大事なのは朝。ここできょう一日のスケジュールを必ず確認しましょう。仕事を始める前や、家族を送り出したあとなど、時間を固定して習慣化します。あとは昼休み1回、眠る前にもう1回など、残り2回の時間も決めましょう。朝に時間がとれない人は、前日の夜に「あしたの予定」を確認

する時間をつくるといいですね。

このタイミングで必ずやってほしいのが、本日のTo-Doリストを作成・確認することです。

毎日やっているルーティンワーク、きょう絶対にすべきこと、会議や打ち合わせとその準備、帰り道に買うべき生活必需品のリスト……。作業を思い浮かべ、できるだけ細分化して、一つ一つ書き込んでいきます。

▌To-Doリストの頭には□。小さな達成感

To-Doリストを作るときに大事なコツがあります。

それは**最初に□を入れること**。この□がめちゃくちゃ大事です。終わったら☑を入れると「やった」「終わった」の喜びが、たとえ小さくても必ずあるからです。報酬遅延（ごほうびの遅れ）が嫌いな私たちにとってこれは大事。To-Doリストに☑を入れて、一人でにんまりしましょう。

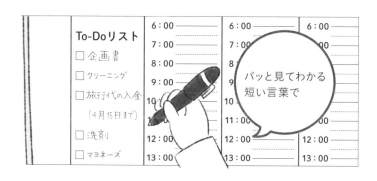

■ To-Doリストの項目を きょうのスケジュールに組み込んで「予約」

朝のスケジュール管理に話を戻しますね。

朝（もしくは前日の夜）にきょうやることのTo-Doリストを作ったら、もう一つ忘れずにやってほしいことがあります。

リストを手帳（もしくはスマホ）のバーチカル部分に書き込むのです。報告書を書く時間、詰めかえ用洗剤を買うタイミング、そうそう、郵便局にはいつ行きますか？

手帳にはすでに「会議」とか「友達とランチ」など、あらかじめ時間が決まっていることは書き込まれているはずです。それ以外の時間帯を、To-Doリストの項目で埋めていきましょう。これが**自分で自分に予約を入れる**ということです。これなしに一日をスタートさせることはできない、そう考えてください。

このとき注意したいのは、かかる時間の見積もりです。「このくらいは5分でできる」「気合い入れて30分で終わらせる」などの精神論でスケジュールを組むとうまくいきません。**必要に応じてタイムログをとり直したり、計画を見直したり**していきましょう。

一つの項目がざっくり大きい場合には、**できるだけ作業を小分けにする**といいですね。

ADHDタイプにありがちな「残念リスト」とは?

To-Doリストは一日の行動の命綱です。 リストにモレがあると
とんでもないことに……。

たとえば下のイラストのように 「カレーは予定どおり完璧にで
きたけれど、 ごはん炊いていないじゃん。 っていうか、 そも
そもお米がないじゃない!」 ということになると、 せっかくのが
んばりが 「やっぱり私、 ダメじゃん」 に変わります。

リストを作る段階で、 できるだけ具体的にイメージすること。
そして一日に何回か見直すことで、 忘れていることにも気づき
やすくなります。

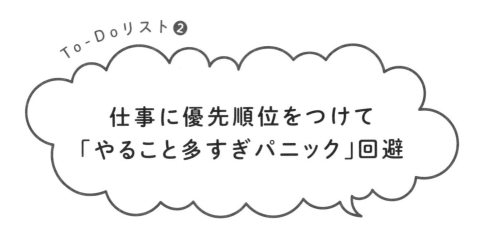

To-Doリスト❷

仕事に優先順位をつけて「やること多すぎパニック」回避

■ 優先順位をつけるときには緊急性と重要性の高いものから

「仕事Aを終わらせたら仕事Bをしよう」と思っていたのに、いきなり電話で緊急の仕事Cが入ってしまう。緊急だというのでCを始めたところ、上司から「仕事Dはどうなった?」と聞かれてもうパニック!

あるあるですね。**私たちはいっぺんに2つ以上のタスクをこなすのが得意ではありません。**アワアワしているうちに時間だけが過ぎてしまう……ということを避けたいときにも、To-Doリストは役に立ちます。

ともかく、あせる気持ちを抑えて深呼吸しましょう。

仕事Aはなるべく早く終わらせたい案件。仕事Bは月末まで。仕事Cは緊急。仕事Dは遅れていたもの。

まずは仕事Aの「なるべく早く」がいつまでなのかを確認し、上司に仕事Dの締め切りの再設定をお願いしましょう。

その結果、 C→D→A→Bとなりました。

この順番でTo-Doリストを作り、 締め切りの日も書き込んでおきます。 優先順位が変わる可能性がある場合にはTo-Doリストの一つ一つを付箋に書き込み、 スケジュール帳にはるのがおすすめ。 優先順位が変わったら、 順次はりかえていくことができます。

▌自分の将来にとって重要と思う仕事も リストの上位に

優先順位を決めるときのコツは、 緊急性と重要性です。

緊急性とは、 締め切りの近さです。 あいまいな状態で受けとっている仕事は締め切りを確認し、 締め切りが決まっていない仕事は 「マイ締め切り」 を設定してスケジュールの中に含めます。

そうはいっても、 緊急性の高い仕事ばかりしていると 「火消しばかりしている」 という感じになりかねません。 自分の評価を高めるような大きな仕事にも早めに着手すべきです。

「これは自分の将来にとってすごく重要」 と思っている仕事も、**To-Doリストの上のほう**に入れておきましょう。

やりたいことやごほうびも
To-Doリストに入れなくちゃ！

▌ 赤いペンで「やるべきこと」を
青いペンで「やりたいこと」を

To-Doリストを作るときに、もう一つ大事なことがあります。
それは「やるべきこと」だけでなく**「やりたいこと」も具体的
にリスト化**をしていくということです。
やりたいこと、つまり「ごほうび」ですね。

PART 2でお話ししたように、「報酬遅延の障害」は私たちの
脳のクセの一つです。目の前にわかりやすくニンジンがぶら下
がっていないと、なかなか走り出すことができないのです。
「やるべきこと」だけでは心がなえてしまうので、「やりたい
こと」も書いておきます。
「○○のコンサートに行く」という少し先の楽しみはもちろん
のこと、「スタバの新作を飲む」「ネットで動画を1時間見る」
ということもリストに入れておきましょう。
もちろん朝のスケジュール確認のときには、バーチカルの時間

軸のところに組み込んでおきます。

のちほどくわしくお話ししますが、**「やるべきこと」のあとに「やりたいこと」をセットで入れる**のがおすすめです。

3色ボールペンは、ここで役立ちます。やるべきことは赤いペンで、やりたいこと（ごほうび）は青いペンで記入します。
会議のスケジュールなどは黒で書いておくと混乱しません。
やりたいこともちゃんと書き込んで、堂々と☑を入れましょう。

なぜ私は先送りしちゃうの？ を自覚することからスタート！

■「先延ばし」「あと回し」が多くても だらしない、意志が弱い、わけじゃない

スケジュールを立てたらあとは実行するだけ！ ですが、ここで大きな問題が浮上します。 書いてある時間になっても着手しない、 という大問題です。 そう、 先延ばしグセ。

どうしたらいいかを考える前に、 なんでそうなっちゃうのか考えてみましょう。

だらしないから？ 怠け者だから？ 意志が弱すぎるから？

うーん……そう言ってしまうのは簡単ですが、 その背景にある感情はほんとうに複雑で多種多様なのです。 たとえばこんな感じ。

①完璧主義。 「どうせやるならこんな感じやあんな感じにしたい」 と夢は広がるものの、 理想像に向かう道筋がわからない。 安易に手をつけると失敗しそうなので着手できないのです。

②恐怖感。 「こんなたいへんそうな仕事、 私にできるんだろうか。 いや、 きっとムリ。 やり始めるのが怖い」 そんな恐怖感が、 最初の一歩を踏み出す勇気を奪ってしまうこともあります。

③**やる気待ち**。「ムクムクやる気が出てくる瞬間」 というのは誰にでもあるものです。 とくにADHDタイプにとってこの瞬間は快感ですし、 一気に仕事がはかどることも （まれに） あります。 それを待つことを言いわけにして、 いまはやらない。

④**ギリギリ好き**。 夏休みの宿題や受験勉強などの経験から 「締め切りギリギリになってからのほうがやる気が出る」 と思い込んでいる。 でもそれでは間に合ったためしはないはず。

⑤**やりたくない仕事**。「まったく興味のない仕事」 「誰にでもできるやりがいのない仕事」 を押しつけられて、 やる気が出ないというのもありがちです。 そういう仕事は 「7割の力でやろう」 と力を抜いてとり組む人が多いのですが、 私たちは0か100か。 100の力を出す気になれない仕事は0になってしまうのです。

⑥**いまやろうと思っていたのに言うんだもん**。**おかげでやる気なくったよ**。 という感じで、 言われたからやりたくないケース。

⑦**それどころじゃない**。 いつも複数の仕事をかかえていっぱいいっぱい。 ちっとも余裕がない。 先送りできるものはとことん先送り。 もしかしたら一生やらないかも。

⑧**結果がすぐ出ない**。「とても1日では終わらない、 どう考えても長時間かかる」 そんな仕事に手が出にくいのもADHDタイプによくあること。 結果がすぐに出て、 刺激が強いものが好きなので、 ゆるく長い課題は先送りしてしまいます。

⑨**時間がとれない**。 ⑦や⑧と似ていますが、 「この部屋を片づけるにはどう考えても3日は必要。 まとまった休みなんてとれないから、 何もできない」 と考えている人も。

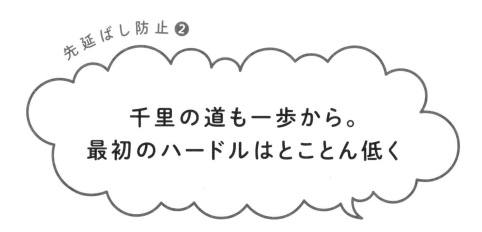

千里の道も一歩から。
最初のハードルはとことん低く

「先延ばし」を脱却するハードルの下げ方

やらなくちゃいけない課題を先送りし続けるのは、ラクなように見えて実際にはつらいものです。心のどこかにそれがつきまとっていて、常に気持ちだけ追い立てられているのですから。先延ばしグセを脱却するためのコツは2つあります。

①**最初のハードルを思いっきり下げること。**

②**ごほうびを用意すること。**

これだけです。仕事でも、部屋の片づけでも、親戚へのお礼状でも、忘年会の店さがしでも、全部同じです。この2つで先延ばしグセは少しずつ改善していきます。

「ハードルを下げる」ためには、かかえている仕事を小さく分割していくことが必要です。どんなに巨大なタスクでも、よくよく見ると小さなステップの積み重ね。その中でもいちばん自分が着手しやすいところから始めましょう。

部屋を片づけるなら、「片づけ上手さんのYouTube動画」を見るとか、ゴミ袋を買ってくるとか、その程度でもいいのです。5時間かかる課題だったら、まず5分間だけやってみましょう。ハードルはとことん下げまくります。

「千里の道も一歩から」といいますが、最初の一歩を踏み出すことが、実は千里の道を歩くことよりたいへんなんです。

ジェットコースターのようなものですね。最初にモーターでてっぺんまで引き上げてしまうと、あとはもう重力にまかせてどんどん走っていきます。私たちも同じようなものです。

だからこそモーターの力を借りてでも、走りだせる場所に自分を引っぱり上げなくてはいけないのです。

モーターの力って？　それがごほうびです。

91

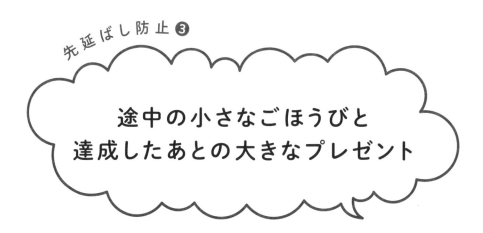

途中の小さなごほうびと達成したあとの大きなプレゼント

ステップごとにごほうびを用意する

先延ばしを防止するもう一つのコツ、 それがごほうびです。
86ページでお話しした 「やりたいことリスト」 もその一つ。
「やらねばならないこと」 とワンセットにしてスケジュールに組み込むと効果的です。 もちろん 「やりたいこと」 は 「やらねばならないこと」 が終わったあとにできるように設定しましょう。

うまくいくコツは、 小さな課題に分けること。 一つ一つに小さなごほうびを用意して、 目標をすべて達成したところで大きなプレゼントにたどり着けるようにします。 ふだん 「こんなぜいたくしちゃダメ」 と思っているものを用意すると効果的でしょう。

小さなごほうびは一日にいくつか必要になりますので、 あまりぜいたくはできません。 「ここまで終わったらお茶とチョコ」 とか、 「動画を30分」 などでもいいでしょう。

作業中にやりたいこと（SNSやネットニュースのチェックなど）が浮かんで、脱線しやすい人はチャンスです。この「脱線してまでやりたいこと」を、作業がひと区切りついたときのごほうびにするのです。

「ひと区切りついたら」がむずかしい場合には、「あと5分」でもいいですよ。アラームを5分後にセットして、鳴るまでは作業に集中します。たかが5分、されど5分。私たちの脳は、その5分を守れたあなたに「やり遂げた達成感」というごほうびを必ずくれるのです。**私たちの単純で素敵な脳のしくみを活用しましょう。**

「ふだんから遠慮なく自分を甘やかしています！」というごほうび三昧タイプのかたは、この機会にちょっと自制してみて。
そしていつも普通に食べているコンビニスイーツを「ごほうび」に設定する作戦に切りかえることをおすすめします。

スケジュール管理

うまくいかなくても自分を責めない。見直し、修正、実行でいこう！

▮ スケジュールを立てる時間と見直しする時間を必ずとり入れて

「やってみたけど、計画どおりにいかない」という場合、まずこう思ってください。「うん、そんなことは織り込みずみ」と。そんなに簡単にうまくいけば、私たちは苦労していません。だからこそ、あきらめないでください。すべきことは落ち込むことでも自分を責めることでもなく、軌道修正することです。

●スケジュールを見直す

一日3回スケジュール帳を見ましょうとお話ししましたが、2回目と3回目には必ず進捗状況を確認します。予定どおりに進んでいなければ、一つ一つのタスクにかける時間の見積もりがどのくらいまちがっていたかを考えて、修正しましょう。修正作業を続けることで、「この仕事にはこのくらいの時間がかかる」「この時間帯は集中力が落ちる」などがわかってくるはずです。

●すると決めたこと以外はしない

スケジュールに組み込んだ作業中は、ネットを見たり同僚と立

ち話したり、テレビをつけたりはしないこと。気が乗らない作業であればあるほど、別のことをしたくなります。そのときも、手近な紙に「テレビをつける」など、終わったらやりたいことをメモして、作業が終わったあとのごほうびにしましょう。

●むずかしいことはやる気のある時間帯に

スケジュール帳を見直すうちに、調子のいい時間帯とダラけがちな時間帯があることに気づくはず。むずかしい作業、気が乗らない作業は、できるだけ調子のいい時間帯にやるようにしましょう。そして「集中力が落ちている」と思ったときには、簡単な作業、気分が乗りやすい作業に切りかえて。

●すき間時間に小さな作業を

通勤電車の中や、カフェで料理がくるまでの間など、すき間時間に小さな作業を入れていきましょう。たとえばスケジュール帳の見直しや、お礼状の文面づくり、短いメールの返信などです。

こんなふうに時間やスケジュールを調整しつつ、自分なりのやり方を見つけていけたらいいですね。

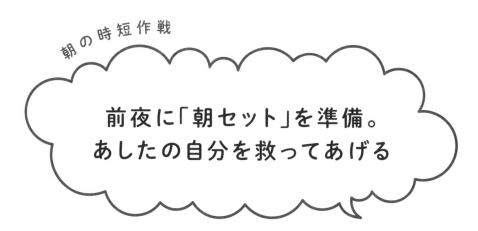

前夜に「朝セット」を準備。あしたの自分を救ってあげる

朝にさがし物をしなくていいように「セット」にして玄関に

どんなにきっちりスケジュール管理しても、「あれがない！　これもない！」では貴重な時間がザラザラとムダに流れてしまいます。とくに朝のお出かけ前は大騒ぎ。

そうは言っても前夜だって忙しいし、疲れているんです。でももしも「このくらいならできそう」と思うものがあれば、やってみて。翌日の自分に感謝されることウケアイです。

●朝食セットを作る

朝から卵焼きに焼き魚、みそ汁に炊きたてのごはん……は理想ですが、その思いはいったんわきにおいておきましょう。夕食の準備をしながら朝食用のおにぎりを作って冷蔵庫に入れ、あとは夕飯の残りのおかずとみそ汁。これだけなら朝食の準備に時間がかかりません。

●洋服セットを作る

前夜にあした着る予定の洋服を決めておき、下着、靴下（もし

くはストッキング）、ベルト、腕時計などもワンセットに。前日に
この準備をしておけば「洗濯ずみのブラが一つもない！」「靴
下が片方だけ見つからない」の大騒ぎを回避できます。

●お出かけセットを作る

財布、スマホ、カギ、定期券、スケジュール帳。私たちの
命綱ですが、ついどこかにおいてしまいがちなものでもありま
す。カゴなどを一つ用意して、帰ってきたら必ずここに入れる。
そして使ったら戻す。そんな場所をつくっておきましょう。

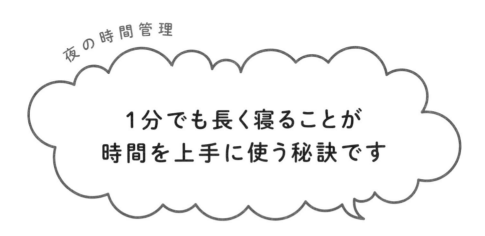

1分でも長く寝ることが
時間を上手に使う秘訣です

▌ 睡眠アプリなどを使って
▌ 睡眠時間を客観的に計測

ADHDタイプさんに多いのが「夜ふかしがやめられない」というお悩みです。早寝早起きが大事なことも、寝不足だと翌日ぼんやりしてしまうこともわかっているんです。でも眠る気になれない。その背景にはいろんな要因があります。
「仕事が残っているので、夜にやらざるをえない」「夜だけが自分の自由な時間。動画配信やソーシャルゲームが楽しみ」「翌日また仕事をするのかと思うと、眠るのがイヤ」などなど。

気持ちはわかります。でもね、**ADHDタイプさんにとってはじゅうぶんな睡眠、規則正しい生活リズムは想像以上に重要**なのです。翌日の集中力にも影響を与えますし、睡眠障害はうつの入り口にもなりかねません。ADHDと診断された成人の38.3％に気分障害（うつ病や双極性障害など）、47.1％に不安障害（ストレス反応やパニック障害など）があるという研究結果もあります。

仕事が残っているなら、ぜひとも朝早起きしてがんばりましょう。きっと3倍速でできますよ。

動画視聴やゲームを夜に始めてしまうのはめちゃくちゃ危険です。無限に続く（ように思える）長い夜にADHD特有の過集中が始まったら、もはや自分で止めることは不可能です。時計やアラームも意味をなさないでしょう。

どうしても動画が見たいなら、おふろで見ませんか？　防水のタブレットを持ち込んで1話見たら出るなど、切りのいいところで終了させる「しくみ」をつくりましょう。

翌日への不安は、スケジュール帳に向かってやるべき仕事を書き出して視覚化すれば、少しは冷静になれるかも。

睡眠アプリを使ってみるのもおすすめです。専用アプリをダウンロードして枕元においておくと、睡眠時間や睡眠の深さなどがすべて記録されるのです。私もやってみて驚いたのですが、自分で思っている以上に睡眠時間は短いものでした。

眠りの深さや質もデータで出ますから、「きのうより1分でも早く、少しでも深く寝てやろう」という気持ちになるかもしれません。

ごほうび作戦で失敗を防ぐには 禁欲期間を設けることが必須

美鈴先生、**スマホのスケジュール管理**、めちゃくちゃいいです。最高です。超便利です！

そう、便利なんだ。よかった！

へ？　自分で言っておきながらそのリアクションですか？

あはは（汗）。私けっこうアナログ人間なので、スマホのスケジュール帳は使いこなせていないの。でも**位置アラームとかって確かに便利そう**だなって思ってる。今度使い方教えてね。

To-Doリストもスマホで管理しているので、気づいたらすぐメモできるし、チェックするのも簡単。忘れ物が減るだけで、時間の短縮になりますね。**スマホが私のマネージャー**なんだって思ったらすごく気持ちがラクになってきました。

朝のタイムスケジュールはどう？　遅刻せずに家を出られる？

逆算でタイムスケジュールを組むのは目からウロコでした。タイムスケジュールどおりに動くようになって気づいたんですが、いままで私、**あまり時計を見ていなかった**んです。

そういう人って実は多いの。ようやく時計を見たときには「もう間に合わない！」っていうのも、あるある（笑）。

時間管理の方法もちょっとずつできるようになってきたんですが、集中力が途切れることが多くて、なかなか締め切りに間に合わないのがいまの課題です。

ごほうび作戦はやってますか？

やっているんですけど、あまりうまくいかないんです。だって私、**もともと自分にめちゃくちゃ甘いヤツ**なので、ごほうびに慣れているっていうかなんというか……。情けないです〜。

だいじょうぶ。ADHDさんにはそういう人、けっこう多いの。そういうときには、**禁欲期間を設ける**ことが大事。ふだん、ばーっと買っているものをごほうびに切りかえるようにしてみたら？

洋服は締め切りがすんだら買う、とか？

カフェで新作を飲むのは原稿を2ページ書き終えたら、とか。

それがなかなか守れないんですよ〜。

 守るためには宣言しちゃうの。「私、ここまで終わるまでおやつ食べません!」って言って、周囲の人に監視してもらおう。
私はよくカフェで原稿を書くんですが、カフェの店員さんに宣言しちゃいますよ。

 マジ? 見知らぬ人ですよね?

 コーヒー注文すると「ごいっしょにケーキなどいかがですか?」って聞かれるじゃない? だから**「この仕事が一段落するまでがまんします! がんばって終わらせたら注文しますね」**って。そして2時間後に「終わりました〜。チーズケーキとコーヒーのおかわりを!」って言うと、店員さんに「お疲れさまでした」って言ってもらえたりするんです。

 すごい! そんな人見たことないですよ。

 あとね、ごほうびにするために大好きなカフェラテはふだんは飲まない。ブレンドコーヒーでがまんする! カフェラテは2時間集中して仕事ができたら、ごほうびとして飲んでいい。集中できなかったら「コーヒーのおかわり半額券」を使うことになる。

 そういう小さなことが大事なんですね。

自分を追い詰めることも大事ね。カフェで仕事するときには、あえて電源コードは持っていかず**「充電の残りはあと1時間15分しかない!!!!」**って勝手に自分を追い詰める。最初は「こんなことやってどうするの?」と思うけど、やっているうちに楽しむコツがわかってくると思うから試してみて。

もう一つ相談があるんです。私ね、どうしても家に帰ってからの時間の使い方がうまくいかないんです。すぐにおふろに入ってさっぱりしてからくつろげばいいのに、**着がえもせずにダラダラし**ちゃって、気がつくと深夜の2時、3時。

つまり、帰ったらすぐにおふろに入りたいってことね?

単純に言えばそういうことです。

じゃあ、**玄関で靴といっしょに洋服も脱いじゃおう。**

え! 何言ってるんですか? 先生、変態ですか?

だって一人暮らしなんでしょ? 誰が見てるわけじゃないんだし、どこで脱いでもいっしょよ。部屋で脱ぐと、その洋服を洗面所に持っていったりしなくちゃいけないけど、玄関で脱ぎながら洗面所に行けば一石二鳥。それに、**玄関でハダカになるって、絵柄としてなんだかおもしろいよね**(笑)。

確かにめちゃくちゃおもしろい！

ついでに防水のタブレットを持ち込んで、サブスクのドラマを1話見る。それが「ごほうび」になるし、おふろから上がったらおしまいにできるから、時間の区切りもつけられるよね。

そっか、なるほど。あと最近忙しくて仕事を家に持ち帰っちゃうんです。だからなかなか眠れなくて……。

それで仕事ははかどってる？

どうかな。やらないよりはマシだと思うんですけど……。

人間の脳にとって、眠るってすごく大事。眠っている間に脳の情報が整理されて、翌日の働きはものすごくよくなっているの。あせる気持ちはわかるけれど、自分にこう言ってあげて。**「あしたの私に期待しよう。フル充電した私にかなうものはないよ」** ってね。

わかりました！　でも先生はすごいですよね。仕事もして、主婦もして、子育てもして。どうやって時間管理しているの？

それはね、苦難の道のりの果てにできた私流のシステムがあるからなの。結婚したてのころは毎日スーパーの棚の前で泣きそうだった。買い物のリストを作っているのに、頭がごちゃごちゃで……。

夕食の準備って、タスクが多いですよね。私、まったく主婦になれる気がしません。

 ところが！　**ネットスーパーを使い始めたら一瞬でラク**になったからビックリよ。定番で買うものは登録されているし、「買い忘れはありませんか?」って表示されるし、売り場をさがしてウロウロする必要もない。

 確かに、なんで夕方の込んでいる時間帯に、大きなカゴ持ってスーパーの中を歩かなくちゃいけないんだろう。

 そうなの。あとは**「平日は凝ったメニュー禁止」**のルールをつくりました（笑）。週末に、圧力鍋で3日分の豚汁を作って前半はそれを食べる。後半は冷食とか、おそうざいとか。最近はコンビニの和風そうざいもおいしいじゃない?　そういうもので乗り切る。

 割り切ったんですね!　でも、**罪悪感**はないですか?

 最初はあったの。自分の親がやっていたみたいに、栄養たっぷりの手作り料理を作らなくちゃって。でも、**私の親と私はどれだけライフスタイルが似ているのか?**って考えたら、答えは明白。私のほうがはるかに忙しい。だったら、手抜きをしてでも穏やかに生きられたほうがいいに決まっている。時間管理するためには、そういう割り切りも大事ってこと!

片づけや掃除が苦手。でも買い物は好き。
だから家はモノがあふれて足の踏み場もない……
という人は少なくありません。
片づけのしかたを中心に、
モノとの関係の見直し方を考えていきましょう。

PART

4

モノと私の
ベターな関係

片づけとは？

整理・収納・掃除は
脳の高度な実行機能なのです

■「片づけ」には
複雑ないくつもの工程がある

「片づけなさい！」と、親にしかられた経験のない読者はいないと思います。私たちADHDタイプは、散らかすのは得意でも片づけが大のニガテなのです。なぜでしょう？

片づけとは、いくつもの工程が複雑にかかわった作業です。おおまかな分類としては

整理…いるものといらないものを分類し、不要なものは処分する。
収納…モノのおき場を決める。使ったら元に戻す。
この2つをまとめて「片づけ」といいます。そしてもう一つ
掃除…ほこりや汚れをとり除き、清潔を保つ。
掃除は片づけとワンセットで行うことが多いものです。こう考えると、やることは多いですよね。とくに足の踏み場もないくらい盛大に散らかった部屋は、雑多なものにあふれているし、収納場所も決まっていない、ほこりも汚れもたっぷり。作業工

程は複雑をきわめるはずです。

にもかかわらず、PART2でお話ししたように、私たちの脳は実行機能が人より少し弱め。事前に計画を立てて、それを一つ一つ実行に移すことがとにかくニガテなのです。

だから一般的な片づけ本を読んでも、「できる気がしない」と思うのは当然です。洗濯物を一枚一枚ピシッとたたんでタンスにしまうなんて、魔法が使えるようになってもできません。

私たちがめざすべきは、「モノがなくなりにくい部屋」です。あるいは「**必要なものがすぐに出てくる部屋**」です。そこがクリアできたら「ソファでくつろげる部屋」をめざしましょう。そしてうまくいけば、「気軽に人を呼べる部屋」になるはずです。

でも、敵は巨大。まずは「片づけ」に向けてのモチベーションを高めましょう。

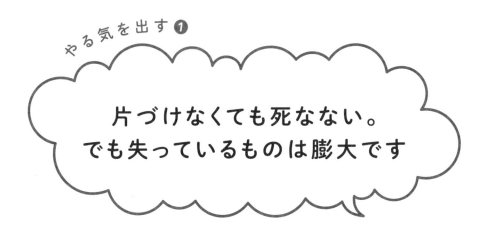

片づけなくても死なない。
でも失っているものは膨大です

■ 散らかった部屋から生まれる
「自分が嫌い」の気持ち

どんなに散らかった部屋でも、 最初から散らかっていたわけではありません。 1分あれば分別できるペットボトルをおきっぱなしにし、 5分あればたためる洗濯物をたたまず、 10分あれば洗える食器を放置する、 その繰り返しの結果なのです。

なぜ私たちは、 5分や10分で終わる作業から逃げてしまうのでしょう。 それは、 散らかっていても死なないからです。
靴下の相方が見つからなくても、 冬のコートが出てこなくても、 死にません。 新しく買えばいいだけです。
ペットボトルの中でジュースが腐っていても、 飲まなければ死にません。 ソファが洗濯物やアイロン待ちのワイシャツに占拠されていても、 床に座ればいいだけです。 死にません。
死なないけれど、 困りごとは少しずつふえていきます。
「必要なものが見つからない」 「同じものをいくつも買う」

「家でリラックスできない」
「人を呼べない」「だらしな
い人間だと思われる」……
そしていちばん問題なのは、
「そんな自分のことがイヤ」
になってしまうこと。

すぐモノをなくす自分、いつもさがし回っている自分、賞味期限切れの食品を捨てる自分、同じものをまた買ってしまった自分……自分の情けない姿をいちばん近くで見ているのは、自分なのです。

自分に絶望すると、現状を変える力はわいてきません。「どうせ自分はこんな部屋にしか住めない」「片づけるなんて夢のまた夢」そんな言葉で自分をけなし、そして守っているつもりになるのです。

「散らかっていても死なないし」

慣れ親しんだこの思考に別れを告げましょう。そうでないと、部屋はいまよりもっとひどくなります。来年、再来年、さらにモノの地層が積み重なって手がつけられなくなった部屋に住みたいですか?

それよりも、モノにおき場があって、簡単に見つかる便利さを手に入れましょう。そう、「私にもできる」という自信もいっしょに。

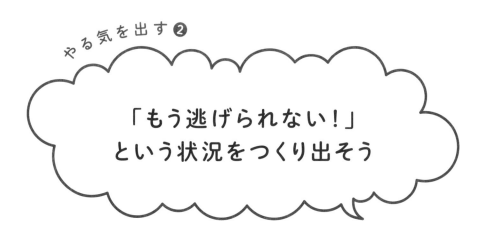

「もう逃げられない！」
という状況をつくり出そう

■ お片づけ仲間を見つけて
いっしょにがんばる

先日、数人の友達とオンラインお片づけをしました。スマホを片手に写真や動画を送りながら、それぞれ自分の家の片づけをするというだけなのですが、けっこうはかどったのです。ときどき途中経過を報告し、最後は「終わったー」と報告する。ビフォー＆アフターの写真を見せ合ったときの達成感といったらありません。

自分が散らかした部屋だけれど、自分一人で片づけなくてもいいんですよ。

片づけが得意な友達に手伝ってもらえたらもちろんいいのですが、同じくらいニガテな友達と協力し合って、お互いの部屋をいっしょに片づけるのも楽しいものです。あるいは「片づける間、そばにいてくれるだけ」でも、仕事はずいぶんはかどります。他人の目があると思うだけで、サボれなくなるからです。

▌ 片づく前に予定を立ててしまって 自分を追い詰める

かなり乱暴ですが、片づけを始めようと思った段階で「○月×日にホームパーティーをするので遊びに来てね」と友達を誘ってしまいましょう。締め切りを先に設定することで、逃げられなくなります。

「がんばってそれまでに片づけるけれど、多少散らかっていても許してね」など、先に謝っておいてもいいかもしれませんね。

片づいた部屋に飾りたいものを、先に買ってしまうのもいい方法です。たとえば大きな観葉植物。

配送される日までに部屋を片づけないとおく場所がない、という状況をつくるのです。

うんとおしゃれなクリスマスリースを買ってしまえば、「12月になる前に玄関だけでも片づける」と決意できるかもしれません。

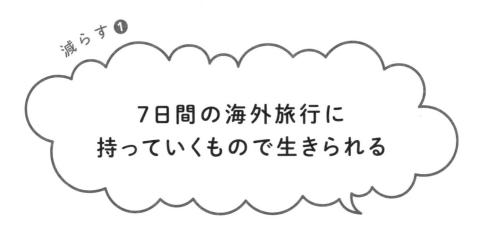

7日間の海外旅行に持っていくもので生きられる

モノを守る前に、自分を守る。不要なものを捨てて脱皮だ!

「部屋を片づける!」 と決めたらまず、 部屋の中の膨大なものを減らさなくてはいけません。 でも、ADHDタイプさんは 「捨てる・残す」 の判断がニガテ。 だから一般的な方法は使えません。

よくある方法として、 同じもの (洋服など) を1カ所に集めて 「捨てる」 「残す」 「考え中」 の3つの箱に分類しましょう、 っていうのがありますよね。 これ、 危険です。 きっとほとんどすべてのものが 「残す」 か 「考え中」 に入るから。 しかも山のように出してきた衣類や本や雑貨で部屋じゅうが大混乱。 収拾がつかなくなります。

そこで提案。 海外旅行に行くつもりで、 7日分の衣類や靴や下着や化粧品を部屋の一部にまとめておいておきます。 毎日そ

こで着がえ、そこにあるものし
か使わないのがルール。どうし
ても足りなければ、1〜2着は追
加するのも許可しましょう。
洗濯したらまたそこに戻します。
これでしばらく生活したら「ほ
かの服、いらないじゃん」ってことに気づきます。厳選した1
軍の服ばかりですから、毎日気持ちよく着られますしね。つま
り、それ以外の服は捨てていいってことなんです。

でも、悩みます。「これ高かったし」「やせたら着られるし」
「思い出いっぱいあるし」。そう、たかが服だけれど、かわい
そうで捨てられない、守ってあげたい、そんな気持ちになり
ます。でも違う。モノを守るんじゃない。**モノはあなたを守る
ためにある。膨大なものがそこにあることで、あなたは傷ついてい
る、それは事実。もういらない服は脱ぎ捨てて、今の自分から脱
皮するんだ!**　……あ、これは私が洋服を捨てたときに私自身に
語りかけた言葉です。けっこう効果があるので、迷ったときに
使ってください。

不要なものが減ると、しまう場所がふえます。そのぶん、床に
出ているものをしまえます。床に出ているものの多くはふだん
よく使うものなので、床のものを整理するより先に、収納され
ているものを整理しましょう。**片づける場所をつくるのが先**です。

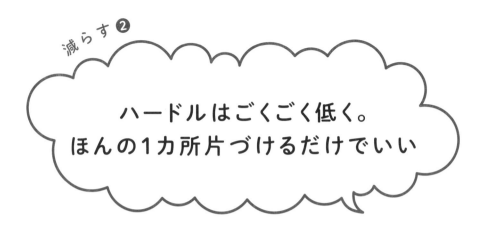

ハードルはごくごく低く。 ほんの1カ所片づけるだけでいい

■ 先延ばしにストップ。 ごほうびも考えておこう

「この部屋を片づけるにはどう考えても3日かかる。 だから3日間の休みがないと手がつけられない!」 と思っている人がいるかもしれませんが、 その3日間は永久にやってきません。 それは得意の先延ばしグセ。

これを解決する方法は、 PART 3の時間管理と同じです。

①最初のハードルを思いっきり下げること。

②ごほうびを用意すること。

この2つは鉄則です。 とくに片づけの場合、 最初のハードルはとことん下げてください。「片づけ名人の動画を見る」 くらいでじゅうぶん。 そこでテンションが上がったら、 ダイニングテーブルの上半分だけとか、 カトラリーの引き出し1つだけとか、 玄関の靴を靴箱にしまうだけとかに着手しましょう。 さらにハードルを下げて 「3つだけ捨てる」 でもOK。 それができたら何かごほうびを!

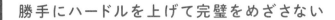

勝手にハードルを上げて完璧をめざさない

何のために片づけたいか、という目標がある場合には、まずそれを達成しましょう。「寝室が物置になっているので、クローゼットの扉があかない。クローゼットに洋服をしまいたい」という目標があるなら、「寝室全体を片づけよう」という野望はいったんわきにおきましょう。ハードルが高すぎるのです。

まず寝室のドアからクローゼットに至るまでの道を確保し、扉のまわりだけ片づけます。扉があいても中が洋服でパンパンなら、不要な洋服を何枚か処分します。

これなら1時間でできそうじゃないですか？　寝室はちょっと奇妙になりますが、目標は達成できます。便利になると、次のステップに進む意欲もわいてきますよ。

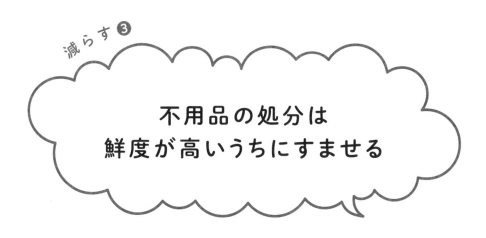

不用品の処分は 鮮度が高いうちにすませる

郵便物や洗濯物はその場で処理。 おいたら最後、風景になる

散らかった部屋からモノを減らしたとしても、同じ速度でモノが侵入してきたら、部屋はカオス状態を維持し続けます。不要なものを部屋に「おく」のはやめましょう。

ゴミは、ゴミになった瞬間に、ゴミ箱に捨てます。DMなどの郵便物は、靴を脱いだ直後に開封し（玄関にハサミを1本用意。使ったらすぐ戻す）リビングまで歩きながら中を出し、不要なら即座にゴミ箱へ、必要なものは「一時保管箱」（後述）に入れます。この一連の流れは絶対です。

これが終わるまで私は絶対にコートを脱がないし、エアコンもつけません。うっかりどこかにおいたら最後、一生そのままです。洗濯物もとり込んだ瞬間にたたみます。一時おきしたら最後、カオスな風景にとけ込みます。お菓子の袋もペットボトルも鼻をかんだティッシュも、役目を終えた瞬間にゴミ箱へ。ゴミがたまりやすい場所にゴミ箱をおくのも一つの手です。

「メルカリ待ち」「フリマ待ち」で 洋服を熟成させていませんか?

不要な洋服やバッグ、本などは売ってしまうのもいい方法です。でも、私にとってメルカリやフリマはむずかしかった。売る前の手続きが多すぎるので、めんどうになってしまい「いつか売ろう」の紙袋が3つも4つも並ぶ結果になってしまいました。最近私はリコマースを利用しています。リコマースは、注文する段階で荷物の引きとりの日時を入力しなくてはいけないのです。つまり、締め切りが決まっている。何がなんでもその日までに、不要な衣類を段ボールに詰め込まなくてはいけません。この「何がなんでも!」と追い込まれることが大事です。「準備ができたらご連絡ください」というシステムなら、10年たっても連絡しないに違いないからです。

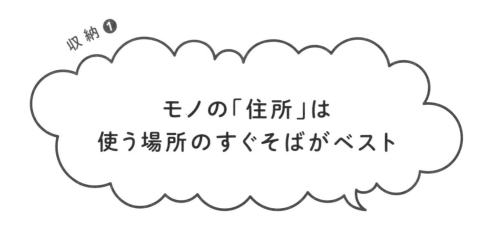

モノの「住所」は 使う場所のすぐそばがベスト

わが家のハサミが7本にふえたわけ

モノを減らしたら、 次に大事なことは 「収納」 です。
といっても収納ボックスや突っぱり棒やS字フックを買うのはちょっと待って。 買うのは 「どこにしまうか」 「何を入れるか」
を決めて、 サイズをメモしたあとですよ。 あせらないで!

収納の基本は、 使うものの 「住所」 を決めることです。 家じゅうのすべてのものに 「帰る場所」 を与えるのです。
問題は住所の選び方です。 よく使うものほど、 使う場所のすぐ近くを住所にすべきです。
たとえばハサミ。
玄関ですぐ郵便物や宅配便の段ボールを開封するなら、 玄関

の靴箱の上のボックスにハサミが必要です。 このハサミは玄関だけのもので、 ほかの場所に移動させることは厳禁です。 使ったらすぐ、 靴箱の上のボックスに戻します。

でも、 ハサミを使う場所は玄関だけではないはずです。 食品の袋をあける （キッチン）、 買ってきた洋服のタグを切る （リビング）、 梱包するときに粘着テープを切る （納戸）、 学級通信のお返事欄の切りとり （食卓）、 包帯や絆創膏を切る （リビングの棚のそば）、 詰めかえ用洗剤の袋をあける （洗面所）。 つまり、 玄関も入れると7カ所でハサミを使います。 その**すべての場所にハサミをおきます。 そしてワンアクションで出し入れできるようにする**のです。
「数が少ないほうが管理しやすい」 というミニマリスト系の片づけ本もありますが、 それはかなりの上級者向けと心得てください。

迷子になってしまうものがあるなら、 「これは本来、 どこで使うものなのか」 に立ち戻って考えることをおすすめします。 そしてその近くに 「住所」 を決めて、 必ず戻します。 それでも消えるなら 「爪切りは引き出しに戻して!」 と大きくはり紙をしておきましょう。 伝統的な方法ですが、 はり紙は案外効果があるものなのです。

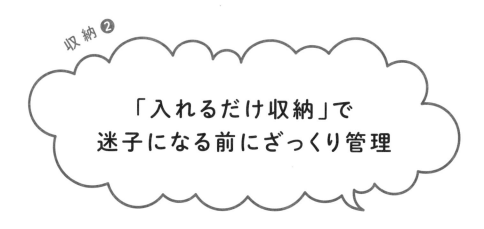

「入れるだけ収納」で迷子になる前にざっくり管理

■ 「戻す」ための動作はワンアクションがお約束

私たちには持って生まれた「使えば使いっぱなし」という習性があります。使うときには目的があるので、どんな場所にしまってあってもとり出すことはできるのですが、使い終わった瞬間、気持ちは別のものに向かいます。戻すことができないのです。これは抑制制御の障害のところでお話ししました。

そうは言っても、戻さないと散らかる一方です。「習性だからしかたがない」ではすまされません。

戻すための鉄則は、ハサミの例でお話ししたように **「使う場所のすぐそばにあること」「ワンアクションで戻せること」** の2つです。とくに「ワンアクション」が重要です。

引き出しをあけて、箱をとり出して、箱のふたをあけてから戻す……なんてことになったら二度と戻せません。片手でパッと戻すためにはペン立てにさすだけ、マグネットでくっつけるだけ、ふたのない浅いボックスに入れるだけ、などがあるでしょう。

洗濯物をソファにこんもり重ねてしまうのも、「たたんでタンスにしまう」という作業があまりに手間だからですよね。ハンガーにかけて干している人は、ワンアクションでベランダからハンガーラックに戻せるしくみをつくることをおすすめします。

下着や部屋着や靴下などシワになっても平気なものは、たたむのをやめませんか？　カゴを3つ用意して、下着はここ、部屋着はここ、靴下はここ、と入れるだけ。2〜3分で終わります。たったこれだけで、ソファが洗濯物に占拠されることもなく、朝に洗濯物の山から発掘する必要もなくなるのだから驚きです。

▌ 一時保管箱に
頼りすぎてはいけない

送り返さなくてはいけない書類や、締め切りのあるものは「一時保管箱」に入れておくというのが定番ですが、どんどん重なって見えなくなるのが問題です。なかには一時保管箱がふえすぎて、壁一面が一時保管箱！　なんていうケースも珍しくないのです。

ホワイトボードを用意して、マグネットでとめておくのも定番ですが、どんどん上に重ねてしまうと風景になります。

週に一度、保管箱の見直しをする時間を決めることが重要です。手帳に必ず記入して、アラームが鳴るように設定しましょう。

いっそのこと、一時保管はしないと決めてしまいましょう。鮮度が高いうちに処理するほうが、つらいけれど簡単です。

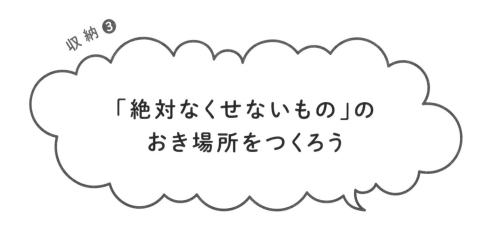

収納 ❸

「絶対なくせないもの」の
おき場所をつくろう

■ おき場所を決めるのは簡単。
問題はそこに戻せるか否かだ！

部屋じゅうが散らかっていると、常に「どんなにさがしても見つからない！」というものが発生します。ハサミや靴下なら新しいものを買えばすむのですが、簡単に買いかえできないものもあります。

カギ、財布、携帯電話、定期券、免許証、通帳、印鑑、保険証、パスポート、マイナンバーカード、年金手帳。

どれも絶対になくしたくないですね。でも、どんなにがんばっても年に一度はこのうちの何かをなくすのが私たちなので、なんとか対策を立てましょう。

大事なことは定位置を決めることです。

①常に持ち歩くもの…カギ、財布、携帯電話、定期券、免許証

②ふだんは家におくもの…通帳、印鑑、保険証、パスポート、マイナンバーカード、年金手帳

①はワンアクションで出し入れできるふたなしの箱などが使い

やすそうです。 帰ってきてすぐおけるように、 帰宅時の動線に合わせておき場所を決めましょう。

②はファスナーつきの透明ケースに入れて、 目に触れやすい場所にぶら下げておくなどしましょう。 「貴重品だから」 とタンスの奥にしまい込むと、 一度使ったが最後、 二度と戻せなくなります。

キーファインダーで行方不明をただちに発見

よく行方不明になるものは、 **キーファインダーに見つけてもらうという作戦**もあります。 カギや財布などにタグ (受信機) をつけておくと、 リモコン (送信機) を押せば音が鳴って 「ここにいるよ」 と教えてくれるのです。 スマホと連動するタイプのものもあるので、 自分に合うものをさがしてみましょう。

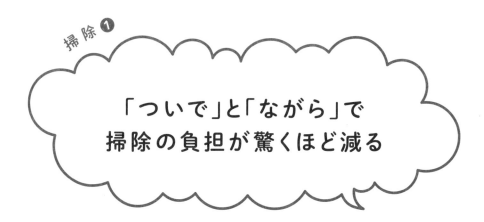

「ついで」と「ながら」で
掃除の負担が驚くほど減る

▌掃除って
毎日したほうが絶対にラクなんです

「毎日掃除するなんて不可能」と思っている人は多いと思います。でも一応聞いてください。

掃除は毎日したほうがラクです。これはもう絶対に真理です。

私はトイレ掃除が嫌いです。でも「トイレ掃除がイヤなのは、汚れがたまってから掃除するせいでは?」と気づいたので、トイレを使うたびにトイレットペーパーでササッとふくようにしました。すると洗剤やブラシを使わなくても、きれいを維持できるのです。

洗面所の掃除は好きです。とくに水道の蛇口がピカッ!と輝いているとテンションが上がります。だから洗面所を使うたびに蛇口の周辺をティッシュでふいておくのです。あとは寝る前に、洗顔で使ったタオルで鏡と洗面台を軽くふいて洗濯機にポイ。ほとんど汚れていないのでぞうきんは不要だし、ふいたタオルは洗濯機で普通に洗えます。掃除がラクになりました。

▌使い捨てのグッズを利用して
ハードルを下げる

掃除のハードルを下げるには、使い捨てグッズが欠かせません。
床の掃除はフローリングワイパー、高いところはハンディワイパー、ふき掃除にはキッチンタオルやティッシュ、除菌シートにトイレシート。掃除機を引っぱり出し、ぞうきんをいちいち手洗いするのは気が重いけれど、使い捨てなら精神面でもワンアクション。

「環境にやさしくない!」としかられそうですが、掃除がニガテな私たち。このまま掃除をサボって汚れがたまったら、強力な洗剤を使わざるをえなくなって、それはそれで環境破壊です。
まずは掃除そのものへの抵抗を少なくし、そのあとでグッズを見直すのではダメでしょうか。

127

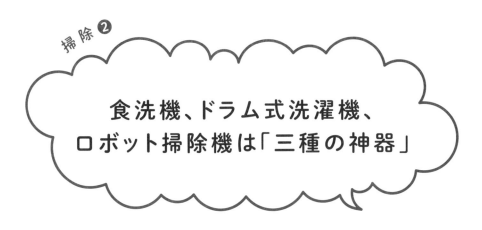

食洗機、ドラム式洗濯機、ロボット掃除機は「三種の神器」

■ 生きていくための経費は 洋服よりも家電に

使い捨てグッズと同じくらい頼りになるのが、最新式の家電です。

洗濯から乾燥まで一気にやってくれるドラム式洗濯機。

スイッチを押すだけで食器をピカピカにしてくれる食洗機。

決まった時間に部屋の掃除をしてくれるロボット掃除機。

まさに三種の神器。これらは私たちの生活を確実にラクにして

くれる相棒です。何がいいかって、作業をまかせられるところ。

普通の掃除機は、私が動き続けないと働いてくれません。

でも三種の神器は最初に多少の準備さえしておけば、あとは

勝手に終わらせてくれるのです。

私たちにとって重要な「最初のハードル」を一気に下げてく

れる力があります。

使い続けると、私たちの生活習慣も変わっていきます。

ロボット掃除機を買って「少なくとも床にはモノをおかない」

という習慣が身についた人が多数います。

洗濯物を干し忘れてイヤーなにおいをさせていた人が、ドラム式洗濯機のおかげで「救われました」と言います。

そうそう、食洗機でガスコンロの部品や換気扇、排水口の部品なんかも洗えるって知っていますか？ ギトギト油の掃除に苦しむ必要はもうないかもしれません。

家電とともにおすすめなのは、 **お掃除代行サービス**です。 私も先日初めて 「水回り5点セット」 を依頼しました。 さすがプロ。完璧です。 「なるべく汚さないようにしよう」 というモチベーションも上がります。

「そんな高価な家電、 私なんかが買ってはいけない」 「家事代行なんてとんでもない」 と思い込んでいる人もいるかもしれません。

でもね、 ここがお金の使いどき。 **洋服より靴よりバッグより、自分を助けてくれるものに投資してみませんか？**

脱リバウンド！
買い物習慣の改革こそ重要です

▮ 「2つ買ったら20％オフ！」に 惑わされない

100円ショップ、好きですか？　おまけつき商品に手が伸びる？
2つ買ったら20％オフといわれると、ついつい2つ買ってしまう？
「なんとなく使えそう」「かわいいから一応買っておくか」
「安いんだから、いらなかったら捨てればいいや」
片づけをしてもリバウンドしやすい人にありがちな行動や思考です。
とくにADHDタイプさんはほしいと思ったら止められないので、
モノがどんどんふえていきます。
でももうやめましょう。**「なんとなく」「一応」で買ったものは、な
んとなくその辺に転がってゴミになります。**「捨てればいい」と思
って買ったものでも、いざ捨てるとなるとつらいものです。
お気に入りのカフェや雑貨屋さんがある人は、そこをイメージし
てみてください。どうしておしゃれなんでしょう？　そう、モノが
少ないから。少ないものの中に、いくつかすてきなものがある。
だからあの空間は気持ちがいいのです。

家に新しいものを入れるのをいったんやめて、いまあるもので暮らしましょう。それがリバウンド防止の最善策です。

■ お金の使い方も見直しを。カードとギャンブルには要注意

キャッシュレス化が進む現代社会は、ADHDタイプさんにとっての落とし穴がいっぱい。消えていくお金が目に見えないので、ついつい買いすぎてしまうことも多いはず。

できれば現金主義がおすすめです。財布の中のお金がなくなったらもう使えませんから。え？　だったらキャッシングしちゃう？　カードを家においておきましょう。

実店舗での買い物をやめるというのも一つの方法です。

ネットショッピングでの買い物もキャッシュレスではあるので危険ですが、実店舗ほど「ついでに買っちゃった」は多くありません。

私はネットスーパーの宅配を利用しています。食費は週1万円以内と決めて、週1回だけ注文しています。毎週ほぼ同じものを買い、メニューも固定化しています。ここを割り切ったら、お金だけでなく、家事そのものがラクになりました。

一つ大事なアドバイスを。**ADHDタイプさんはギャンブルにはまりやすいという怖い特性があります**。即時報酬があるので快感なんですよね。だから、まだやったことのない人は近寄らないように！

忘れ物、なくし物を防ぐのは
自分に対する寛容さだ！

 私、片づけも下手なんですけど、モノをなくす天才でもあるんです。もうね、**いままでの人生でどれだけ多くのものを失ってきたか**……泣けてきますね。

 まぁ、**だいたいのものはなくしていいもの**なんだけど、財布とかパスポートとかクレジットカードは被害が甚大だからなくさないようにしないとね。

 だいたいのものはなくしていいの？　またもや問題発言。

 そりゃ、なくさないほうがいいに決まっているんだけど、なくしちゃうんだからしょうがないのよ。財布とかスマホとか最重要のものだって、**1年に最低1回はなくしたりするよね？**

 そうなんです。でもこの前友達に「いままで何回財布なくした？」って聞いたら、びっくりした顔で「1回もないよ」って。「**普通**」の人、すげーって思いました。

そういう人は「なくさないように注意しましょう」ですむけど、私たちには注意とか、気をつけるとか、全然役に立たないよね。まず、**なくすことが大前提**と考えて生きていかなくちゃ。

 そんなふうに考えたこと、ありませんでした！

 根性論はダメ。なくしてもいいように、忘れてもいいように、保険をかけていくことが大事なの。そういう**自分に対する寛容さ**が、どうしようもない状況を未然に防ぐことになるから。

 自分に対する寛容さ……って、たとえばどんなこと？

 たとえば、**仕事のバッグは1つしか持たない**。入れかえるとどうしてもモレが出てきて「名刺がない！」「書類がない」となるでしょ？　バッグが1つならもうだいじょうぶ。

 お言葉ですが、私はどうしても何種類かのバッグを使いたいです。洋服に合わせたいから。

 だったら**バッグインバッグを使う**のもいいかな。別のバッグを使うときも中身だけを入れかえる。

 それもやってみたんですが、バッグの中でバッグインバッグがぐちゃぐちゃになっちゃう。使いこなせないんです〜。

だったら、**すべてのバッグに同じものをセットしておきましょう。**名刺もノートもICレコーダーも。財布を忘れたときのために、交通系ICカードと1万円札は、必ずどのバッグにも入れておきたいよね。あとは100g以下の軽い折りたたみがさ。これをいろんなバッグに入れておくようにしたら、ものすごくラクになった。

マジですか！　そこまでやっていいんですね。なんかそんなことしたら、**自分で自分を甘やかしているみたいで抵抗が**あったんですけど……。

自分に対して寛容になるって言ったでしょ？　「すみません、いま名刺を切らしておりまして」って言い続けるより、財布にも、バッグのポケットにも、いろんなところに名刺を入れておくほうがいいじゃない。

おっしゃるとおりです。

ただ、**スマホとスケジュール帳だけはスペアがない**ので、これだけは肌身離さず持っていて、出がけに思い出そう。

私はスマホでスケジュール管理しているので、スマホだけ。

一本化できるメリットはそこね。スマホだけは絶対になくさないようにしなくちゃだけど。

なくし物対策は? 私、よく室内でいろんなものがブラックホールに吸い込まれるんです〜。

 本文でも説明したけど、定位置をつくること、そしてそこに戻すことが最善策。それができるとものすごくラクになるから、ここは努力する価値があるかも。

 そうですよね。でも、むずかしい。私ってほんとうに「ぱなし」なんですよ。いままで気づかなかったんですが、先生との対談を始めて、「あ、さっき使ったハサミが**出しっぱなし**」「食器棚の扉がまた**あけっぱなし**」ってことに気づくようになって、こんなにも「ぱなし」だったのかって、自分でもびっくりです。

 それ、すごい! すごい進歩!

 え? ほめてもらえた? どうして?

 気づくってすごいことですよ。**普通はおきっぱなしにもあけっぱなしにも気づかない**から、「ぱなし」になるの。気づけただけでも大きな一歩。それは**風景になっていない**ってことだから、「戻そう」と思えるじゃない?

 なるほど! そう言われるとうれしい気分です。

なくして困るものは「必ずここに入れる」という場所をつくっておくのも大事なことよね。確定申告関係の書類だとか、証明書だとか、ひとまとめにして深く考える前に入れちゃう。**「絶対にここに入っているんだ」**っていう安心感は何ものにもかえがたいから。

そういえば私、**キーファインダー買ったんですよ!** これ、めっちゃ便利ですね。

行動が早いね! で、何につけたの?

家のカギとか、スマホとか、財布とか、家を出る前に「ないない」って騒ぎがちなもの全部につけたの。そしたら朝、家を出るのがほんとうにラクになりました。**いままでの人生、どれだけさがし物に時間をかけてきたことかよくわかった。**
願わくばタグのサイズがもう少し小さくなって、あらゆるものにつけられるようになるといいな。

着々と生活改善しているのね。エライ!

いま改善したいと思っているのは洗濯物です。ソファが乾いた洗濯物のおき場になっているので、じゃまで座れないの。

それは、**じゃまになっていないからじゃない?**

じゃまなんですよ。いまそう言いましたよね?

いえいえ、**洗濯物はもっとじゃまになるところにおかなくちゃダメ**。廊下とか、キッチンとか、いっそ玄関とか。

な、なんと!　またもや新しい発想!

「こんなところにおいたら何もできない。洗った洗濯物が汚れちゃう。**しょうがないからたたむか!**」って思える場所に洗濯物をおくようにすれば、さすがのMさんでも絶対にたたむって。

さすがに玄関におかれたらたたみますね。さすがの私でも。そうか、**大事なのはおき場所**ってことですね。

うちの洗濯機はドラム式なんだけど、乾燥が終わったものは洗面所にばーっと広げてしまうの。そうするとたたまざるをえないから、がんばる。忙しすぎてできないときには、夫や息子がやってくれるし(笑)。

ますますおき場所が大事だってことがわかりました(笑)。

家族がいる人は、**家族もひっくるめて、みんなで動くシステム**をつくれたらいいと思うなぁ。

ADHDタイプさんは、
思ったことをすぐ口にしてしまう傾向があります。
そこにイライラや怒りの感情が重なると、
あっという間に大噴火してしまうことも。
どうすれば怒りの感情にとらわれずにいられるのでしょう。

傷つきやすさの
コントロール法

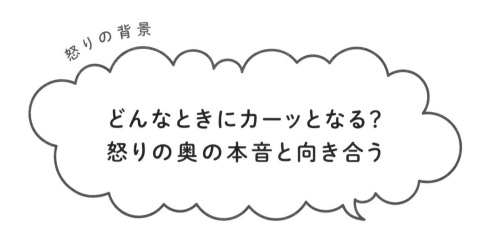

どんなときにカーッとなる？ 怒りの奥の本音と向き合う

▌怒りは二次的な感情。 怒ることで隠した本心は何？

ADHDだからといって怒りっぽいわけではありません。 それどころか、 **ずっと怒られてきたせいで、 他人の怒りの感情に敏感**です。 怒りの感情を避けていたいと思っている人が多いにもかかわらず、 なぜ怒りの感情を噴出させてしまうのでしょう。

「怒りは二次感情である」 と言ったのは、 アドラー心理学で有名な精神科医アルフレッド・アドラーです。 ごくごく簡単に説明すると、 私たちの心の中に不安、 恐怖、 嫉妬、 寂しさ、 自己嫌悪、 無力感など （一次感情） が芽生えたときに、 それを隠すようにして表面化するのが怒りだ、 という意味です。

どうでしょう？ 最近あなたが怒ったとき、 その直前にどんな感情がありましたか？ そこに目を向けることが怒りのコントロール方法の大前提になります。 怒ることによって、 私たちはいったい何を得ようとしているのでしょう。 そして怒りで、 それは手に入りますか？ この章でじっくり考えていきましょう。

怒りの背景①
余裕がなくていっぱいいっぱい

**ADHDタイプさんがカーッとなっ
てしまうシーンでありがちなのは
「メモリー不足」のとき**です。
いくつものタスクを同時にか
かえるのがニガテなうえに、
「あれもしなくちゃ」「でもこ
っちが先」とやることがふえ
ているときが危険です。

そんなときに職場の後輩に「書類のチェックまだですか?」と
言われたり、夫に「え? まだ夕飯できてないの?」と言われ
たりすると、思わず「うるさい!」という感情がわき上がって
しまいます。相手はなんでいきなり怒られたのかわからないの
で、お互いにケンカ腰になることも。

振り返ってみてください。自分でも「あんなに怒らなくてもよ
かった」と後悔するような場面は、だいたいメモリー不足にな
っていたときではないですか? やることに追われているとき、
疲れているとき、感情は爆発しがちです。

それでもPART 3にある**「時間管理」を学ぶことで余裕が生まれ、
怒りがわくことが少なくなったというADHDタイプさんが多い**のです。
まずは自分の中に余裕をつくりましょう。

怒りの背景②
相手に期待しすぎたとき

人は無意識のうちに、他者にいろんな期待をしてしまうものです。「せっかく新しい洋服を着てきたんだから、少しくらいほめてくれてもいいのに」と彼氏に失望したり、「どうせ掃除するならもう少していねいにやってほしい」と夫に腹を立てたりします。好きな人や身近な人ならもちろんのこと、カフェの店員さんなど見知らぬ人であったとしても、「不機嫌で対応が悪い」とか「あとに来た客を優先するなんてサイテー」など、期待したような対応でないとイラっとしてしまいます。
「この人はひどい」「まちがっている」と相手を責めたくなるのですが、彼氏は気づいていないだけだし、夫は少なくとも掃除はしてくれた。カフェの店員さんだって反省しているのかも。

つまり、**期待に対して現実が追いついてこない、それだけのこと**なのです。他人の行動をコントロールすることはできません。もし伝えられるようであれば「ほんとうはこうしてほしかった」と話してみてもいいかもしれませんね。

怒りの背景③
「すべき」という思い込みがある

先ほど期待の話をしましたが、「そうは言っても、カフェの店員さんなら、客に感じよく対応すべきじゃないの?」「恋人なら、相手にもう少し興味を持ってくれてもいいんじゃないの?」と思う人は少なくないでしょう。

確かにそれは一見、正論です。まちがってはいません。

でも、相手の状況や性格によってはできないこともあります。カフェの店員さんだって、たまたまイヤなことがあったのかもしれません。「感じよくすべき」ではなく「感じがいいほうがいいね」くらいに思えれば「ま、いいか」と流すことができ、ムダにイライラしなくてすむのではないでしょうか。

ADHDタイプさんの中には、強すぎる正義感を持っている人もいます。いい方向で発揮されると魅力なのですが、ときには**周囲との軋轢の原因になることもあるので注意が必要**です。

まいっか

怒りの背景④
ほんとうは悲しい、寂しい、自分に腹が立つ

家に遊びにきた彼氏が、ずーっとスマホばかり見ていて、話しかけても上の空。カーッと怒りがわいてきて「何のために来たのよ。そんなにスマホが見たいなら帰って!」と追い返してしまう。こういうケースも、あるあるではないでしょうか。

この怒りは、章の冒頭でお話しした「二次感情」です。ここで大事なことは、自分の一次感情と向き合うことです。

私といっしょにいるのに、無視されている気がする悲しさ。

もしかしたら別の女の子とやりとりしているのでは、という嫉妬。

私のことなんてどうでもいいの? 好きじゃないの? という不安。

私がつまらない女だからスマホを見ているんだ、という自己嫌悪。

そんな複雑な感情が、怒りという二次感情にふくれ上がったわけです。さらに、「恋人だったら、スマホよりも私との時間を大事にすべきだ」という「すべき」思考に陥ってしまうと、自分の中で怒りは正当性を持ってしまいます。

でも、**ほんとうにしたいのは相手を責めることではなく、自分の「悲しみ」「嫉妬」「不安」をわかってほしいの**ではないでしょうか。

見えてない…

怒りの背景⑤
傷ついた自分を認めたくない

**自分がほんとうに気にしていることをズバ
リ指摘されたときにも、 人は激しい怒りを
感じます。**

ADHDタイプさんの場合、 「なんでこ
んなに部屋が汚いんだ」 「こんな簡単
なこともできないの?」 などと言われる
とカーッとなってしまうことが多いよう
です。 だって、 部屋の掃除は私だけ
がすべきものでもないし、 気になるな
ら自分でやればいいじゃないですか。

でも、 相手の言葉には明らかな真実があります。 知っています。
自分でも日々思っていることなのです。

罪悪感をかかえてどうしようもなくなっているからこそ、 「そん
な無神経なことを言わないで」 と反撃に出てしまうのです。

相手にとってみれば 「事実を言っているだけ」 で、 そこまで
逆ギレされる理由はないと感じているかもしれません。

ここまでお話しした5つの気持ち、 それはだいたいの場合、 ミ
ックスした状態で怒りに変わるものです。 **怒りというのは、 そん
なに単純なものではない**ということも知っておいてください。

怒りの導火線に火をつけないで。とにかくその場を離れよう

怒りは短時間で全身を駆けめぐる。忍耐だけでは乗り越えられない

怒りという感情は短時間で急激に高まって、ピークに達したあとにはゆるやかに下降していきます。一説には、怒りのピークは6秒間ともいわれるほど、非常に短い間の出来事なのです。

だから「怒りを感じたら、6秒間深呼吸しましょう」などと書かれた本もありますが、**情動コントロールがニガテなADHDタイプさんにはむずかしいかも**しれません。

だからといって、怒りにまかせて激しい言葉を相手にぶつけるのは極力避けたいもの。しかも相手の反応によっては、新たな怒りがわき上がって手がつけられなくなります。

では、何があっても忍耐で怒りの感情を抑えつけなくてはいけないのでしょうか。

それができれば苦労はしませんし、怒りをムリに抑えつけることで心身に悪影響を及ぼすこともあります。

私がおすすめしているのは、**怒りの感情がわいてきたらその場を離れることです。** 怒りのマグマを相手に浴びせなくてすみますし、火種から離れることで新しい怒りの着火を防ぐこともできます。
怒りを感じると、呼吸が浅くなり、心拍数や血圧が上昇します。筋肉にはものすごく力が入っているはずです。これがサインです。「怒りのサインだ」と感じたら、その場を離れましょう。お気に入りのカフェなどに移動するのもいいですね。

だいじょうぶ。逃げたわけでも、相手を邪険に扱ったわけでもありません。怒りを相手にぶつけなかった、ということです。
まずは成功。自分へのごほうびに、カフェでちょっとぜいたくなドリンクを注文してしまいましょう。
ちなみにこれは、メールで怒りを感じたときも同じです。その場合はスマホやパソコンから離れることが必要です。

怒りをとことん味わいながら自分の心と向き合ってみよう

▌怒りを否定も肯定もせず怒っているという事実を受け止める

怒ってはいけない、なんて思う必要はありません。その怒りは、あなたの中に確かに存在する感情です。

感情には、いいも悪いもないのです。

私はいま怒っているんだという事実と正面から向き合って、怒りを味わい尽くしましょう。それは「怒っていい」と肯定することでも、「もっと怒れ」とたきつけることでもありません。ただただ怒りを受け止めることです。

怒りとは不思議なもので、共感してもらえるとゆるやかにおさまってくるものです。でも「怒ってはいけない」と否定したり、「自分は怒りなんて感じていない」とごまかしてしまうと心の中でくすぶって、また別の場面で顔を出したり、身体的なトラブルとなって表れてきます。

怒りは怒りとして、そのままの姿を認めてあげてください。

怒りの奥にある
ほんとうの感情にも目を向けて

怒りがおさまってきたら、なぜ自分がこんなにも腹が立ったのかが見えてくると思います。

相手の言葉、表情、行動……それに対して自分はどんな感情を抱いたのか。怒りの奥にある「一次感情」に手を伸ばしてみてください。

ほんとうのあなたは、どうしてほしかったのですか？

怒りにふるえる直前の自分の感情を整理していきましょう。

大事なことは、相手を罰することではありません。

どっちが正しいかをジャッジすることでもありません。

再びこんなふうに傷つけ合うことがないような関係をつくり上げていくことなのです。

149

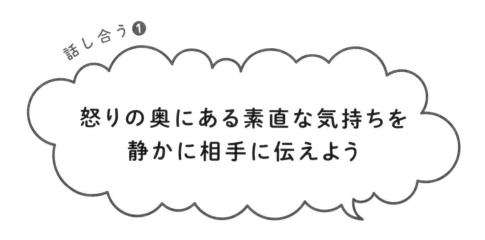

話し合う ❶

怒りの奥にある素直な気持ちを
静かに相手に伝えよう

意識のズレを埋めるには
3つのステップを順にたどる

人と人とが怒りの感情をぶつけ合うとき、そこにはなんらかの意識のズレがあります。親子、夫婦、恋人同士、友人関係、上司と部下、すべてにおいてそれは存在します。けっしてADHDタイプさんだからではありません。

そのズレをなんとか埋めながら、折り合うことが人間関係です。

意識のズレを埋めるためには、以下の3つのステップを順にたどっていく必要があると私は考えています。

第1段階　相手の現状を知る（情報）

第2段階　相手の心情を理解する（共感）

第3段階　相手のために何ができるかを知る（解決策）

怒りの感情にとらわれると、一方的に「共感して!」と相手に求めてしまいがちです。でも、相手の状況を知的に理解することなしに、共感することはできません。第1段階をすっとば

して、 第2段階を求めているので 「全然わかってくれない」 ということになってしまうのです。

そしてケンカの原因になった問題を、 具体的な解決策につなげるのが第3段階です。 ここをしっかり話し合わなければ、 感情をぶつけ合うケンカを今後も続けることになりかねません。

相手が知らない自分の気持ちがあるはず

ということで、 怒りの感情がおさまってきたら第1段階に入りましょう。 **あなたがいかに悩んでいたか、 怒りの奥にあった一次感情、 悲しみや自己嫌悪の気持ちを静かに、 素直に話すことです。**
「部屋がいつも私のもので汚れているのはわかっているんだ。 私もそんな自分がほんとうにイヤで、 なんとか変えたいと思っているけどうまくいかなくて、 自分で自分が情けないと思って

いるんだ。 そこをあなたに 指摘されたから、 ほんとう のことだったから傷ついてし まったの。 大きな声を出し てごめんなさい」
こんなふうに自分のいまの 気持ちを伝えることができて ようやく、 相手の共感を得 られるのではないでしょうか。

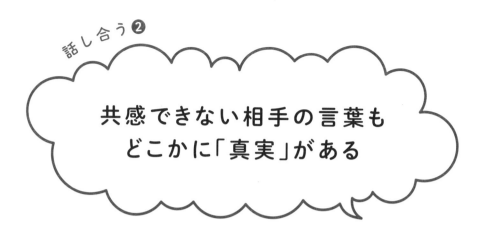

共感できない相手の言葉も どこかに「真実」がある

相手の共感を得るために 相手の心のゆとりをつくり出す

そうは言っても人間相手のことですから、理想どおりにはいきません。第1段階でどんなに言葉を尽くしたつもりでも、「そうだよ。おまえが100%悪いんだよ」というスタンスを相手がくずさないこともあります。

「おまえがつらいのは自分のせいだろ？ こっちはいい迷惑なんだ。そうやって自分を甘やかすんじゃないよ!」と。

はぁ？ こっちはここまで下手に出てるのに、この人サイテー、と思うことはままあることです。

再びその場を離れることが必要になるかもしれませんが、同じことを繰り返してもおもしろくありません。作戦変更です。

自分に共感してもらうために、相手に共感していきましょう。

「こんなひどい人に共感できるわけない」と思う気持ちはわかりますが、自分を理解してもらうための「ゆとり」が、相手

にはないのです。 それをつくり出すために共感するのです。

コツは、 相手の（けっこうひどい）言葉の中から、 事実だけを抜き出してそこに共感することです。
「確かに部屋は散らかっているよね。 仕事で疲れて帰ってきているのに、 くつろげないよね」 と、 できるだけ相手の状況を想像して言葉にします。 これが第1段階。 相手の言葉の中の「事実」 だけに着目し、 さらに想像力を駆使して相手の現状を整理します。 とくに謝る必要はありませんよ。
そして 「ほんとうにイヤになっちゃうよね。 イライラしちゃうよね。 でもガマンしてくれてたよね。 ありがとう」 と共感します。
これを繰り返すうちに、 相手の表情がゆるんでくることが見てとれると思います。 相手の心情に変化を起こしているのは、 あなたからの共感です。 相手もあなたにわかってほしかったのです。
「私もね、 あなたにこんなふうに言われて悲しかった」
その言葉を伝えることができるのは、 そのあとなのです。

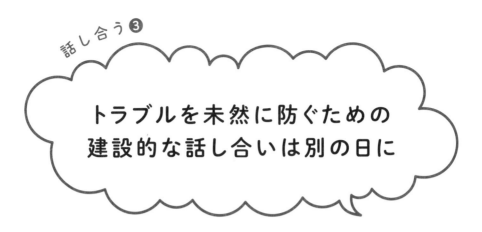

トラブルを未然に防ぐための
建設的な話し合いは別の日に

▌ 問題が発生してからでは遅い。
平和な日常の中で話し合う

夏休みの宿題がたまりにたまって、親に「なんでもっと前に始めなかったの!」と怒られた経験のある人は少なくないと思います。

でもちょっと冷静に考えてみてください。

8月31日にしかられても、もうどうしようもないのです。

親がすべきことは、夏休みが始まった時点で「宿題の計画を立てよう」とスケジュールをいっしょに立てることです。 そして定期的に進捗状況を確認してくれれば、 夏の終わりの親子バトルは避けられたはずです。

私たちが親しい人とのバトルを避けるときも同じです。 必要な対策を立てるのは、 トラブルが発生してからではありません。 夏休みの最初のような、 **気持ちが明るく前向きなタイミング**にしましょう。

夫婦やパートナーとの話し合いは、休日にのんびりランチでも食べているときなどがおすすめです。

「部屋がなかなか片づかなくてごめんね。でも、いっしょに暮らしているんだから家事を少し分担してもらうことはできない?」

ポイントは具体的に提案することです。漠然と「家事を手伝って」ではなく、「夕食後の食器洗いをお願いしたい」と提案します。

そしてさらに重要なのは選択肢を示すことです。

「平日がムリなら、日曜日だけでもお願いできない?」「むずかしい場合には、食洗機を次のボーナスで購入したいんだけどどうだろう?」

このほうが、相手は逃げられなくなるはずです。

1回でうまくいくことはないかもしれません。でも、相手の反応を見ながらあの手この手を使って、トライ&エラーを積み重ねるのがコミュニケーション。あきらめずにがんばってください。

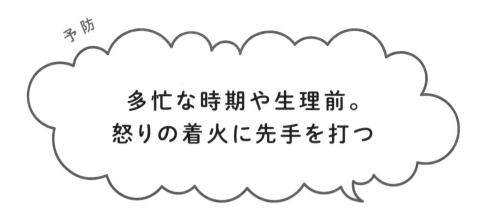

予防

多忙な時期や生理前。怒りの着火に先手を打つ

■ ケンカやトラブルが発生しやすい時期をスケジューリング

怒りやイライラは、必ずしも偶発的に起こるわけではありません。たとえば、こんなことはありませんか？

「毎週月曜日はお客さんが多いから休憩もとれない。家に帰ってもイライラしてしまってケンカになりやすい」「夫が出張のときには、いつも以上に子どもを怒鳴りつけてしまう」「生理前は感情が不安定になりがち」などなど。

ADHDタイプさんの場合、やることがアレコレ重なっていっぱいいっぱいになると、ちょっとした刺激で大爆発する傾向があります。もしかしたら、怒鳴ることでストレスを発散しているのかもしれません。

女性であれば、生理前は危険な時期です。ホルモンバランスの関係で、イライラしやすくなり、感情が揺れがちになります。

ということで、スケジュール帳を出してください。

あなたが不安定になりそうなレッドゾーンはどのへんでしょう。
この日は会議続きで疲れそう。 この時期は夫が出張だから育
児はワンオペ、 子どもにイライラしそうだな。 生理は○日から
だからその3日前から危険だ……そんなふうに予測しましょう。

危険日がわかったら対策を立てます。 絶対に忙しいとわかってい
る日は、 仕事帰りにマッサージを予約する。 できるだけタスク
を減らして夕飯は外食と決めてしまう。 夫が出張でワンオペ育
児決定なら、 子どもといっしょに夜7時に寝ちゃう。
**よけいな発言、よけいな失敗、よけいな怒りが入り込む前に強制
終了ボタンをカチッと押してしまいましょう。**
パートナーや家族、 仕事仲間に 「ちょっとイライラしちゃうかも
しれないから、 怖かったら逃げてね」 と予告しておくという手
もありますよ。 相手だって突然爆発されるよりずっと気がラク
です。

会うたびにケンカするなら
別れたほうがいいかも問題

 …………。泣いてます。これ**全部、私の話**です。

 あてはまることがあったの？　参考になりそう？

 はい。あてはまりまくりです。私って、ときどき瞬間的に人に怒り
をぶつけることがあるんです。なんでこんな人間なんだろうって思
っていたんですけど、**怒りの奥にはいろんな感情があった**んです
ね。
なかでもいちばん多いのは、余裕のなさだと思います。

 うん。私もそう。みんなもそう。だからね、**最初に時間管理の
方法を学ぶ必要がある**の。
時間に少しでも余裕ができれば、不用意に怒らなくてすむんじゃ
ないかな？

 私の母は理解のあるおおらかな人だったんですが、いま思えば
ＡＤＨＤタイプなんです。突然、激しく怒りだしたり、たたかれた

158

りしました。私はなんでしかられるか全然わからなくて……。
でも、いまわかりました。母に余裕がないときに、たまたま私は気にさわることをしていたんですね。そういうことだったんだ。

突然怒りをぶつけられると、誰だって自分に原因があると思うよね。でも原因がわからないから、**いつもビクビク**していなくちゃいけない。とくに子どもは……つらかったね。

いまの彼氏も、よくイライラする人なんです。だから彼の表情がいつも気になって、怒らせないようにしなくちゃって。
でもね、やっぱり怒らせちゃうんです。「私だってこんなに気を使っているのに」って腹が立つし、会うたびにケンカになっちゃう。ダメだなぁって思います。

彼氏はおおらかタイプの人？　わりとこまかい人？

おおらか……ではないかな。話はおもしろいんですけどね。
私に「部屋が汚い」って文句を言うわりには、彼自身は几帳面でもない。ただ、**彼のお母さんが完璧な専業主婦**だったので、私にもそれを求めるんですよ。

あらら。それは厳しい注文ね。

ですよね！ しかも私の家には文句を言いながらもしょっちゅう来るくせに、掃除するわけでもない。だったら自分の家に呼んでくれればいいのに、それもしてくれない。私の作った料理は食べるくせに、私には何もごちそうしてくれない。

めちゃくちゃ不平等条約。Mさんはそれで平気なの？

平気じゃないけど、私、あんまり恋愛でうまくいったためしがないんですよ。最初は相手のほうが私のことを好きになるのに、つきあっているうちに形勢逆転っていうか、あきれられるというか。

それで**自己肯定感が下がっちゃった**ってことか。

もうね、**こんな私を好きになってくれる人なんていないんじゃない**かって悩んじゃいますよ。

Mさんかわいいよ。絶対にあなたを好きになってくれる人はいると思うけど。

だったら先生、紹介して。どうやったらそんな人と出会える？

合コン！ 自分で企画して幹事になるしかない。

合コンで、しかも幹事？ いきなりベタですね。

実は私もね、20代半ばのときに出会いを求めて婚活パーティーに通った時期があったの。

 先生モテモテだったんじゃない？

 それが全然……（涙）。いま思えば、私の住んでいる地方は仕事を持っている女性、とくに大学院卒の女性なんてあまりいないから、「ちょっと怖そう」と思われていたのかもしれない。
しかもADHDタイプで料理は大の苦手でしょ？　もうまったく相手にされないの。**誰からも選んでもらえなくて、自己肯定感ダダ下がり**でしたよ。もう一生誰とも結婚できないんじゃないかって思った。

 それってけっこうショックですよね〜。かわいそう。

 でもね、「こんなところで負けるもんか！」って思うことにしたの。だって私が私に期待しなかったら、**誰一人私に期待してくれる人なんていない**もん。私だけは、私をあきらめないぞ！って決めたの。

 かっこいい、先生！　それでどうしたんですか？

 合コンしました（笑）。

結局合コンかい！

 考えたのよ、具体的に。自分が結婚したい相手ってどういう人だろう。やっぱりいまの仕事を続けさせてくれる理解のある人がいいなって。
そう考えたら、やみくもに婚活パーティーに出席するよりも、そういう気持ちを持っていそうな人が多い場所に行くべきじゃないかって。

 そうね。確かに！

 それでね、**漁場を選ぶ**ことにしました。似たような仕事をしている人なら理解があると思ったので、同業者の間で「今度合コンしませんか？」って声をかけ続けたの。女子は私が集めてね。

 さすがADHDタイプ。行動力はさすがですね。

 えへへ。それでなんとか結婚して、お母さんにもなったというわけです。だからね、**Mさんも動かなくちゃ！** 待っていてもチャンスはないぞ。ちなみに、どんな人が好みなの？

 私はわりとマッチョ好みなんです。

じゃあ、スポーツ誌の編集部に行って「合コンしませんか？」なんて言ってみたら？

 やってみようかな（笑）。でも……いまの彼氏はどうしよう。

 彼がほんとうはどう思っているのか、ちゃんと話し合ったことある？　PART5の「話し合う」に書いてあるような形で。

 ないです。彼が怒らないように、ビクビクしながらいっしょにいるようなところがあるから。

 一度くらいチャレンジしてみたら？　**それでダメでも、何かがきっと変わるかもしれない**。彼も反省するかもしれないし、逆にMさんの熱がスーッと冷めるかもしれない。

 なるほど。そうですよね。まずはちゃんと話し合って、ダメなら別れることに決めました。先生、ありがとう。

 がんばって。男なんて山ほどいるんだからね！

ADHDタイプさんの多くは明るくて社交的。
あっという間に人と親しくなれる人もいます。
でも「実はものすごく努力しているんです。
それでも嫌われたり、軽く扱われたりすることも多くて……」
と悩む人も多いもの。さて、どうしよう?

人間関係の
お悩み相談室

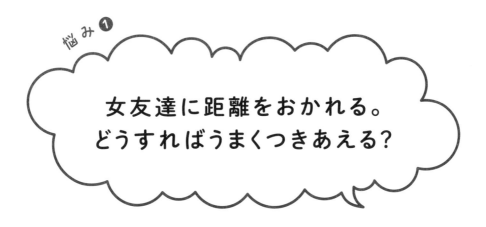

女友達に距離をおかれる。どうすればうまくつきあえる？

勇気を出して「距離をおかれる理由」を見つめ直してみませんか？

ADHDタイプさんは、初対面で友達をつくるのが得意な人が多いようです。人との間に垣根をつくらないので、人間関係の距離を一気に縮められる力があります。

その一方で、関係を継続させるのはニガテ。自分が中心になってつくったグループのはずなのに、気づけば仲間はずれに……そんなこともあるかもしれません。どうしてでしょう。

その原因を見つめるのは勇気がいるものです。でもこの機会に考えてみましょう。私の経験では、以下のような理由があります。

・こまめに連絡をとり合うのがニガテ。SNSに「いいね!」もしないし、グループLINEも既読無視。

・約束をしても遅刻ばかりで迷惑をかけてしまう。

・せっかく会っても、相手の話を聞いていない。かと思うと自

分の話ばかりをしてしまい、 ほかの人がしらけてしまう。

・友達の誕生日や家族構成などを聞いても忘れてしまう。

・友達の都合も考えず、 自分のしたいことにしつこく誘う。

・男性関係がハデ。 その場限りの恋愛に反感を持つ女性もいる。

思い当たるところはありますか？ 「これ
を改善しましょう」 と言うのは簡単ですが、
やれるようならとっくにやっていますよね。
でも、 何かできそうなところはあるでしょ
うか。 たとえば、 友人たちのSNS。 そ
の中には、 彼女たちの最近の生活がちり
ばめられています。 どんな趣味があるの
か、 どこで遊ぶのか、 忙しいのかヒマな
のかわかります。 ときには 「いいね!」
をしたり、 ダイレクトメッセージを送った
りすれば、 精神的な距離が近づくのかも。

でもね、 **ムリはしなくていいのです。** 離れ
ていく友達は、 もともとそういう距離感
の人だったと割り切ることも可能です。
そのかわり、 もっと身近な家族や恋人と
の関係改善に力を注ぐという方法もある
のです。 あなたはどっちがいいでしょう。

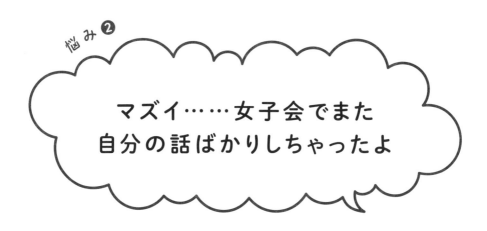

悩み❷

マズイ……女子会でまた
自分の話ばかりしちゃったよ

■ 20分しゃべり続けたら
最低20分は黙っていましょう

久しぶりに集まった学生時代の女友達。みんなの近況を知りた
いなぁ！と楽しみにしていたはずなのに、気がつけば自分ばか
りがしゃべっていた……ということはありませんか？
「途中で自分ばかり話しているなぁって気づいたんだけど止め
られなくて〜」というADHDタイプさんの嘆き、よく聞きます。
そう、わかっちゃいるけど止まらないのです。

多くの女子たちは、人の話を途中でさえぎったりしません。み
んな話が一段落するのを待っている。でもADHDタイプさん
の話はなかなか一段落しないので、気がつけば20分も30分も
しゃべりっぱなし。会が終わったあと、「あれ？ ほかの子た
ちの近況を聞いた記憶がない！」ということも。ほかのみんな
もそう思っていますよね。

途中で「**私ばかり話している**」と気づいたら、いい方法があります。**口に食べ物を入れましょう。**

話してばかりいるから、目の前の皿にはとり分けられた料理がいっぱい残っているはず。とりあえずそれを口に入れて、ゆっくり30回かんでから飲み込むんです。そしてまた次の料理を口に入れる。しばらく自分の口を、食べることと飲むこと以外に使わない！

食べるものがなくなった？ 口を手で押さえておきましょう。

少なくとも、一人で話し続けたのと同じ時間、ほかの人の話を聞くのです。次の女子会では、ぜひともそれを実行しましょう。

でもね、遠慮しすぎなくてもいいんです。「あなたのおしゃべりはおもしろいよね」「私は話すのがニガテだから、たくさん話してくれる人がいると安心するの」という女性もいます。おしゃべりを許容範囲におさめるために、よくかんで食べましょう。ときどき口元に手を当てて、話したい衝動を少しの間がまんしましょう。そのうち必ずおしゃべりが途切れて、ちょっと微妙な沈黙が訪れることがあります。そのときこそ、あなたの出番です。

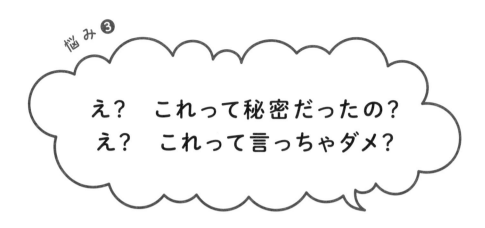

悩み ❸

え？　これって秘密だったの？
え？　これって言っちゃダメ？

▋「私に秘密を話さないでね」と先に宣言してしまうのもアリです

ADHDタイプさんと失言は、切っても切れない関係です。
頭にひらめいた瞬間に、言葉はもう舌の上にのっかって、あっという間にボロボロこぼれてしまうのですから。
おもしろい話もつまらない話も、初めての話も100回は言ったネタも、みんなが知ってて知らないふりしていることも、秘密の話も拡散希望も、あああ〜言っちゃった。
そんな悩み、あるあるです。どうしたらいいんでしょう。

参考になるかどうかわかりませんが、私の作戦をお伝えします。
1つ目は先に宣言しちゃうこと。「お願いだから、秘密の話は私にしないでね!」って。私が私を信用できないんですから、他人さまはもっと信用してはいけません。

2つ目は、ふだんからできるだけ邪悪にならないように心がけること。

人を嫌わない、人を憎まない、悪口を言わない。

そうすれば、ポロッと口から出てきた言葉が邪悪なものにならないのではないか、と思うからです。何が飛び出してくるか自己コントロールできないのですから、せめてその言葉で人を傷つけることは避けたい。だから、ふだんから人のいいところを見たり、気づいたりして、ほめ言葉がポロリと口から飛び出すようにしたいのです。

この2つを実践していくと、おのずとうわさ話や陰口の場から遠ざかっていくというオマケもついてきます。
「ナカシマさんはもうしょうがないよね」と笑ってもらえたら、もうこっちのものです。

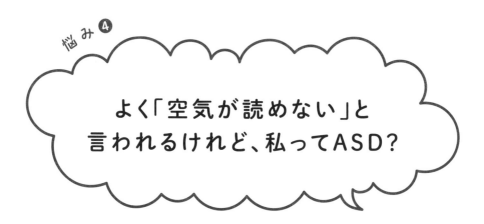

悩み ❹

よく「空気が読めない」と
言われるけれど、私ってASD？

▊ 両方の特性を持っている人は 半数近くいるそうです

「私は空気が読めない」と思っているADHDタイプさん、けっこういますよね。でも実際には、ADHDの特性に「空気が読めない」ことは含まれていないのです。

「空気が読めない」という性質は、自閉スペクトラム症（ASD）の人の特性です。ではなぜADHDタイプさんが「空気が読めない」といわれるのでしょう。

可能性は2つあります。

1つ目は、ADHDとASDを合併している可能性があるということ。 この2つの併存率は43％だという研究報告もあります。

2つ目は、衝動性の問題。 わかっているくせにおしゃべりが止まらない、やめたほうがいいと思っているのに行動しちゃう、そんな衝動性を抑えられないADHDの特性で「空気が読めない」ように見えてしまうのかもしれません。

引っ越ししたばかりの人が、「近くに来たら、いつでも遊びにきてね」と言うことがあります。多くの人は「社交辞令ね」と理解して、近くに行ったとしても押しかけることはしません。でも、ASDの人は言葉どおりに受け止めて、ほんとうに「近くに来たので」と立ち寄ってしまいます。社交辞令とは思わないのです。

一方ADHDの人は、社交辞令だということはわかるのですが、「行きたい!」という気持ちを抑えられません。「じゃあ、いまから行っていいですか?」と言ってしまうのです。ある意味、すごいパワーとスピード感。これは悪いことばかりではなく、営業マンとして大成するかもしれません。

でも**「空気が読める人になりたいな」と思うなら、おすすめはマナーの本です**。書店に行けば、イラストがたっぷり入った「日常生活のマナー」「女性のマナー」といった本が並んでいます。それを読むと、最低限の「しないほうがいいこと」がわかるでしょう。

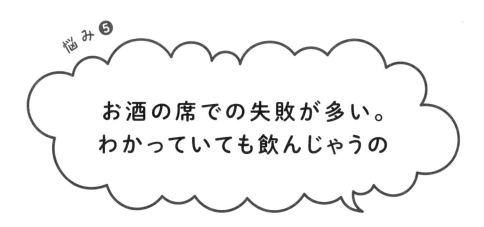

悩み❺

お酒の席での失敗が多い。
わかっていても飲んじゃうの

■ お酒を飲むことで
得たいと思ったものは何ですか?

「社会人になってから、仕事のストレスもあるのか、ついついお酒を飲んじゃうのよね」という人は多いかもしれません。とくにADHDタイプさんにとって、社会人生活は苦難が多いもの。仕事では失敗が続き、人間関係ではトラブルをかかえ、恋愛も友情もイマイチうまくいかない。そんなとき、お酒は「心の痛み止め」の役割を果たしてくれます。

でも、お酒はあなたを守ってくれません。飲みすぎて人に暴言を吐いたり、ぐあいが悪くなったり、好きでもない男性と一夜限りの関係を持ってしまったり……。

お酒の席での失敗が多い人は、アルコール依存症の可能性もあります。**お酒や薬物に依存してしまう「物質使用障害」は、ADHDの人の15.2%という高い確率で存在することが報告されて**います。これはADHDでない人の3倍にあたる数字です。

依存状態から抜け出すためには「自分にはなぜお酒が必要なのか」「お酒で何を得ているのか」に気づくことが必要です。お酒が自分の中で果たしている役割を自覚しましょう。

もしもお酒が「心の痛み止め」としての役割を果たしているなら、解決策として2つ方法があると思います。

1つはお酒以外の方法でストレスを発散することです。ヨガやマインドフルネスはいかがでしょう。欧米ではADHDの人への効果が話題になっていますよ。マッサージやアロマテラピーなども、心と体を癒やしてくれそうです。

もう1つは、仕事上のトラブルや人間関係のストレスを根本から解決していくことです。この本の中にもヒントはあります。できそうなことから始めてみてください。

これはゲームや買い物など、別な依存症に対しても有効な考え方ですので、ぜひトライしてみてくださいね。

肉食系女子と言われます。
好きになったら一直線…はダメ？

▌体のつながりは「即時報酬」。
でも、リスクを背負うのは女性です

肉食系ADHDタイプ女子、けっこういますよね。
「好きになったら、関係性をハッキリさせたくなっちゃうの」
「いいなって思ったら、心も体もつながりたくなるのよね」
「せっかくのチャンス、逃したくないんです！」…なるほど。
積極的なことは悪くないし、男性にも魅力的に見えることでしょう。

米国の研究では、ADHDの人は低年齢で性交渉を持ちやすく、しかも避妊する人が少ないそうです。そのためADHDでない女性にくらべて、20歳までに妊娠する割合が10倍ともいわれています。同様に、性感染症にかかる割合も4倍だそうです。
これをそのまま日本人にあてはめることはできませんが、私の臨床の経験からもADHDタイプさんは交際初期の段階で望まない妊娠をする率が高いと感じます。

体のつながりは「すぐに手に入るごほうび（即時報酬）」のようなもの。ADHDタイプさんは、即時報酬に弱いのです。しかも衝動性も強い。さらに、初対面の人とでも急速に距離を縮めて親しくなれる特性や、壁をつくらない明るい性格があるので、相手にとっても魅力的に映るのです。それは悪いことではありませんが、望まない妊娠や性病の感染、不倫関係、離婚や再婚の繰り返しといったことにつながるとすれば、喜んでばかりもいられません。

お酒との関係のところでもお話ししましたが、**自分が恋愛にいったい何を求めているのか、一度整理してみましょう。**
一時的な体のつながりなのか、安心できる愛情なのか。
後者であるならば、相手がそれを自分に与えてくれる存在なのかを見きわめましょう。それには時間がかかります。
PART 3でやりましたね。時間のかかる課題は、小分けにして「小さなごほうび」を用意するのです。LINEを交換できた、2人で飲みに行けた、手をつないだ、キスをした、そして次の段階へ……。そんな小さなステップを好きな人といっしょに積み重ねることが、恋愛の醍醐味です。何度目の恋であったとしても。

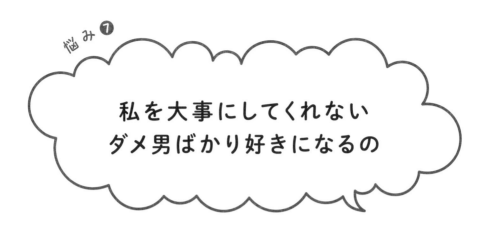

悩み **7**

私を大事にしてくれない
ダメ男ばかり好きになるの

**自分は愛されなくて当然。
そんな思い込みはありませんか?**

ADHDタイプさんの中には「どういうわけか、いつも二番目
の女になっちゃう」という人が少なくありません。
妻のいる男性だけでなく、本命の彼女や片思いの女性がいる
男性、セフレとしてしかつきあおうとしない男性など、ほんと
うの意味で自分をたいせつにしてくれない男性を好きになって
しまうのです。

その背景にあるのは、**ADHDタイプさんの自己肯定感の低さ**だ
と私は思います。**心のどこかに「どうせ自分はこの程度の存在。
愛されるわけがない」**という気持ちがあるのではないでしょうか。

子どものころからしかられることが多く、仕事でも人間関係で
も失敗してしまう。職場の同僚とも、女友達とも、本音を話し
てくつろげない。

もしもそんな状況であれば、たとえ相手がダメ男であっても、いっしょにいるときには心を許してくつろげる「居場所」なのです。

別れてしまうということは、次の家が決まっていないのに荷物をかかえていまの家を出ていくのと同じこと。そんなことはできませんよね。

ダメ男との関係を清算するためには、ほかに居場所を見つけることのほうが先です。新しい彼氏、ということではありません。

たとえば趣味のサークルに入ってみる、旧友との関係を復活させてみる、スポーツジムで仲間をつくる、いっそ転職するという方法もあります。でも、あせって人との距離を縮めようとしないでくださいね。ゆっくりと人とかかわっていきましょう。

その中で「あなたと友達になりたい」と思ってくれる人と出会えるかもしれません。

自分に少しだけ自信がついたら、ダメ男に自分の気持ちを伝えてみましょう。方法はPART5にあります。それでも誠実に向き合ってくれないようであれば、彼はあなたの居場所ではありません。

> # 夫は私の特性を理解せず
> # 努力しろ、甘えるな、と言います

ご主人はもしかしてASDかも。
本を読んでもらうのが近道です

一見、体育会系の根性論の持ち主のようですが、その奥には
ASD（自閉スペクトラム症）の特性を感じます。この相談者のか
たは「私が『とてもつらい』と話してもフォローの言葉もほと
んどありません。夫は性格的に0か100かしかないので、ダメ
なものはダメという考えです」と書いています。共感性の低さ
や、あいまいなことを受け入れられないところなど、とても
ASDっぽい印象です。

私の臨床での経験だけなので恐縮ですが、**ADHDタイプの女
性とASDタイプの男性のカップルはものすごく多い**と思います。
よく考えると、**恋人関係になるには最強のマッチング**なのです。
コミュニケーションが苦手なASDタイプ男子にとって、初対面
でも笑顔で話しかけてくれるADHDタイプ女子はキラキラ輝い
て見えることでしょう。一方のADHDタイプ女子にとっても

ASDタイプ男子は魅力的です。論理的な思考、冷静で合理的な行動、キッチリした性格などが「自分にはない長所だわ!」と映るのです。

でも、結婚したり同居したりすると長所より短所が気になってきます。ADHDタイプ女子のだらしない生活スタイルにASDタイプ男子はイライラします。ADHDタイプ女子がどんなにつらさを訴えても、ASDタイプ男子から共感されることはありません。「おまえはダメだ」とののしられることもしばしば……ということが、けっこうあるのです。

もしかしたらこのご夫婦もそうなのかも。

だとすると、ADHDについて書かれた本などを読んでもらうことからスタートしましょう。感情で訴えられるよりも、**論理的な説明のほうが受け止めやすいのがASDタイプ。夫婦でカウンセリングを受けるなど、専門家に入ってもらうことも考えてみて。**

いずれにしても、「すべては自分がだらしないせいだ」と自分だけを責めることはしないでくださいね。関係性を変えていくことが大事、ということです。

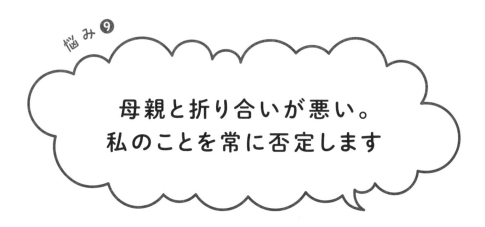

母親と折り合いが悪い。
私のことを常に否定します

┃ お母さんもADHDタイプかも。
距離をおくことも必要です

ADHDタイプさんの自己肯定感の低さをひもとくと、 親からの
叱責や批判、 差別的な発言や行動が背景にあることが少なくあ
りません。 さらによくよく聞いてみると、 親の言動にも強い衝
動性がある場合が多いものです。

感情の浮き沈みが激しかったり、 頭ごなしに怒鳴りつけたり、
暴力で子どもを黙らせることが習慣になっていたり。

「母親との折り合いが悪い」という背景には、親自身のADHD的
な気質があるのかもしれません。

相談者のかたは30代で、 親と同居していますが、 ことあるごと
に 「早く結婚しろ」 と責められ、 ときには 「結婚できないの
はあなたがだらしないからだ、 太っているからだ、 ブスだか
らだ」 と非難されるそうです。 大人になった娘に対し何の遠慮
もなくそんな言葉をぶつけるのは、 こじらせてしまったADHD

にありがちな傾向です。

ADHDは親子でカウンセリングをすることがとても多いのですが、このお母さんは50代後半もしくは60代。 自分の言動を振り返って、 娘への対応を変えることはむずかしいかもしれません。

だとすれば、 なるべく早くお母さんと距離をとることをおすすめします。

このかたが結婚すればお母さんは満足かというと、 そうではないでしょう。 出産や子育ての過程でも、 ぶつかり合うことが多いかもしれません。

母親とバトルを繰り返して、 たいせつなエネルギーを消耗するのはもったいない話です。 **親にかけてほしかったやさしさは、自分で自分に注いであげてください。** そのためにも、 自分の居場所を新しくつくることをおすすめします。

また友人に"勧誘"された。利用しやすい人と思われてる?

■ おいしい話には必ず「待てよ!」。即座に契約せず、信頼できる人に相談を

ADHDタイプさんは、浅く広い人間関係を持つ傾向があります。いわゆる「よっ友」ですね。あいさつや立ち話くらいの友達が多いのです。そんな人から「今度いっしょに買い物しない?」と誘われると、なんだかうれしくなるのが人情です。ところが、行った先は謎のビル。あれこれ説明を受けたあげく、ものすごく役に立つ(らしい)商品を買わされるハメに……ということもめずらしくはありません。マルチ商法です。

ASDやADHDの傾向を持つ人たちは、マルチ商法の被害者になりやすいともいわれています。ASDの場合、言われたことをそのまま素直に受けとってしまい、だまされていることに気づかないケースが多いのですが、ADHDの人は「おいしい話」「お得な話」にパッと飛びついてしまう傾向があります。しかも、声をかけてくれた人がサークル内で人気の華やかな先

輩女子だったり、社内で人気のイケメンくんだったりすると、ますますブレーキがかかりにくくなります。

前提として、**そんなに親しくもない人がいきなり「お得な話」を持ってくるなんて、そもそもアヤシイということを知ってください。**
「これいいじゃん！」と思ったとしても、「1日待ってね」と言って必ず時間をおきましょう。相手を疑っているみたいで心が痛むかもしれませんが、ADHDタイプさんは即断即決を避けるのが鉄則です。

そして可能なら、家族や友人の中でもとくに「慎重な人」に相談してみましょう。重要な買い物や決断はそのあとです。

マルチ商法とまではいかなくても、「○○さんと親しいのよね。紹介して」とか、「このサイトに登録してくれない？」などと声をかけられることもあるかもしれません。
でももしも「利用されているのかも」と感じるなら、「考えておくね」ですませましょう。友人関係には割り切りも必要なのです。

実際のＡＤＨＤタイプさん、 いまをどうやって生きてる？

 この章では少し趣向を変えて、ＡＤＨＤタイプさんから集めた声でつくるページにしてみました。みなさん、どんなふうに自分の特性と向き合っているのかを見ていきたいと思います。

 アンケートの回答を見ると、ＡＤＨＤの診断を受けている人もいれば、いない人もいるのね。

 診断を受けている人もけっこう多かったですよ。「診断名がついてもとくに変化はない」という人もいますが、多くの人は「診断を受けてよかった」と書いていました。
たとえば、もちもちさん（21歳）はこう言っています。

「いままでは提出期限に間に合わなそうな課題があるとパニックになり、自分を責めてよけいに時間がなくなっていたんですが、ＡＤＨＤの診断を受けてからは『できていないけれど、それでも逃げずにがんばっている！　まずはそこを評価してあげよう!』と思って、なんとか持ちこたえられるようになりました。

カウンセラーのかたや診断してもらったお医者さまから、『たまたま社会のしくみとあなたの脳の働きがうまくかみ合っていなかっただけ。**あなたが怠け者やダメな人間なわけではない**、そこをまちがえないで。自分を責めないで。**これまでよくがんばってきましたね**』と言ってもらえたことから、人生が180度変わりました。

それまで自分をどうしようもないダメ人間だと評価していたので、やりたいことに挑戦する勇気もなく、あきらめていました。

でも自分の脳の特性なのだと理解してからは、ただ自分を否定するだけでなく、自分がほんとうにニガテなのは何なのかを本気で考えるようになりました。ニガテなものは改善策を具体的に考えたり、できそうなことには挑戦したりしています」

すごい！　もちもちさん、りっぱです。こういう話を聞くと、ADHDって診断することそのものよりも、そのあとのサポートがいかに大事かがよくわかります。私も心しておかなくちゃ。

ほんとうですよね。お次は長ぐつさん（38歳）です。

「私なりにがんばってるつもりだけど、それでもほかの人のほうが仕事はできるんですよね。それでいつも、私はカッコ悪い人間だなって劣等感を抱いていました。でも専門家のかたから『**あなたがほかの人より劣っていると思ったり、ほかの人と違うと感じる部分は、すべてあなたの魅力なんですよ**』と言ってもらえたのです。以来、むだに自分を追い詰めないように気をつけています」

ほんとうにそうです。自分では劣っていると思っている部分が、ほかの人には輝いて見えることもいっぱいあるので、コンプレックスを持ちすぎる必要はないんです。

なかにはADHDの診断を受けたことで、生活が大きく変わった人もいます。
アヤさんはADHDの診断を受けることで障害年金を受給することができ、居宅介護の利用を受けて一人暮らしをスタートしているそうです。

「ADHDの診断を受けてから大学を辞め、就労移行支援事業所に通うようになりました。母親も発達障害だとわかり、親元を離れ、宿泊型自立訓練の施設で暮らし始めました。
その後、就労継続支援A型事業所に就職し、いまも働き続けています。就職後は一人暮らしに移行し、しばらくは親の金銭的援助を受けていましたが、**障害年金を受給できることになり、自立した生活ができるようになりました。**
また、一人暮らしの開始と同時に、**居宅介護のヘルパー利用**を開始しました。週に1回、朝決まった時間に来ていただくことで生活リズムが少しととのったと思います。家事を一部代行していただいているのも助かっています」

アヤさんのように、診断を受けることでさまざまなサポートが受けられることもあります。いろんな事情で親元にいられない人など

は、アヤさんのように自立の道をさぐる方法もありますね。
そのほかにも**障害者手帳を取得したり、企業の障害者雇用枠で
就職したり**することもできるので、調べてみるといいかもしれません。

診断を受けることで、身近な人の態度が変わるのではないかと
心配になることもあると思います。
でも、こんなご夫婦もいます。ポコかかさん（31歳）です。

「ADHDだと診断を受けたあとで、ダンナに泣きながらその話を
しました。そうしたら『そういう名前の診断なのはわかったけど、
そういう特徴だって**全部知っていっしょになったんだから、いま
さら嫌いになったりしないよ**』って。このひと言で、心が軽くなり
ました」

なんていいダンナさん！　Mさんもこういう人と結婚するといいと
思うよ！

そう言われても、こんな素敵な男性はいったいどこにいるんです
か？　ポコかかさん、生息地を教えてください。そこで合コンす
るから！
……おっと。うらやましすぎてとり乱しました。では次に、みん
ながどんな工夫をしているか、ここで紹介しましょう。
先ほどのポコかかさんも、工夫しまくっています。

「To-Doリストを時間をかけて作る！　一日の動きを書き出したり、長期スパンのリストを作ったりする。

診断を受ける前からTo-Doリストをふわっと使っていましたが、いまではリストはめちゃくちゃ重要な存在に。**忘れちゃいけないことはでっかく紙に書いて、とにかくじゃまになるところにおく。**

仕事ではTo-Doリストを種類に分けて時間をかけて作ります。どうしてもやらなきゃいけないことは**言葉に出して泣きながらでもやり始める**」

To-Doリストに時間をかけることはものすごく大事！　大きく書いて、目につくところにはるのもいい作戦です。

泣きながらでもやり始める……見習います（涙）。

そして、自分で自分にツッコミを入れる、という人もけっこういました。小森美菜さん（30歳）もその一人です。

「自分の中にもう一人、**客観的にツッコミを入れてくれる人格**をつくっています。でもこれをやるととても疲れるので、予定のない日には家でぼーっとしています。

そのほか、忘れてはいけないものには携帯のメモ機能を使っています。でも**頭を使って考えたいものには紙とペンのほうが有効です**」

メモにアナログとデジタルを使い分けているんですね。人によっては、こういう工夫も参考になりそう。

結婚して家事をするなかで、実行能力が鍛えられたという声もありますよ。もけみよさん（42歳）です。

「ハタチで結婚して子育てをしてきました。家事と育児は優先順位をつけないと成り立たないので、子どもが寝ている間に家事をするなど、テキパキ動く習慣ができました。
主婦を経験してから社会に出たことで、職場で大きな失敗をせずにやってこられたので、とてもよかったと思っています」

なるほど〜。確かに家事育児はマルチタスクなので、主婦業でいろんな工夫を積み重ねることで、社会に出てもそれが生かせるってことですね。これは気づかなかったなぁ。

やっぱり主婦ってすごいですね。もう尊敬以外の何ものでもありませんよ。
ほかに、「あきらめる」という意見もあります。まろこさん（34歳）のご意見です。

「モノを減らすことがニガテ。散らかりすぎて床が見えないことがあるけれど、モノの位置はだいたい覚えているのでなんとかなる。見つからないものはあきらめて、気持ちを切りかえる。人の顔が覚えられないから、自己紹介のときに『**たぶん何度もお名前を聞くと思います、ごめんなさい**』と先に謝る。だいたいこれでなんとかなる」

説得力はありますが、できればPART4を見て片づけを実践して
ほしいな。絶対に床が見えたほうが生活しやすいって！

私も人の顔を覚えることがニガテで、何度も同じ人に「はじめま
して」って名刺渡しちゃうんですけど、先に謝っちゃうっていい方
法ですね。これはマネしよう。
そして、ずんさん（33歳）はこんな工夫をしています。

「忙しいときは**タイムテーブル**をこまかく書き、持ち物や家を出る
時間などもあらかじめ書いておきます。
また、**ゴミの日などを忘れやすいのでアラーム機能を利用してい
ます**」

時間管理、がんばっていますね。ゴミ出しもADHDタイプさんに
は鬼門なので、アラーム機能は頼りになるはず。
私は**「忘れちゃいけない」**と思ったら、**とりあえずアラーム**をかけ
ておきます。音が鳴ったら「何かあったはずだ！」と必死で思い
出すんです。

そのほかにもこんな声が集まっています。
・ホワイトボードにメモをしている。
・薬の飲み忘れがないように、お薬カレンダーを使っている。
・パソコンの付箋機能を使う。画面を立ち上げると表示される
ので、仕事中に確認できる。

・有孔ボードを設置して、よく使うものをぶら下げている。
・大学の寮に住んでいるので、ドアに「1限なので起こしてください」と書いた紙をはっておくと誰かが声をかけてくれる。
・聞き役になれるようがんばっている。

 いつも思うんですが、ADHDタイプさんってほんとうにがんばっているんですよね。この本が少しでもお役に立てるといいなぁ。

 私も人に「こんな工夫が役立つよ」ってアドバイスできるようになりたいと思います！

人生の必要経費はケチらない

最後の章では、
心が折れそうになったときに思い出してほしい
キーワードを10個用意しました。
よかったら1つだけでも心に留めてください。
何かのときのお守りがわりになることを祈って。

ADHDタイプのままで
しあわせに生きる

この世の中は、
ADHDでもASDでもない人たちが多数派で
その人たちにとって生きやすいようにつくられている。
その世界の常識を、みんなが「普通」と言う。

普通のことを普通にできるようにならなくちゃ。
普通のことくらい普通にできるのが普通でしょ?

でも、私たちにとって、それは別に「普通」じゃない。
がんばって、ものすごいエネルギーを使って、
合わせている。

もちろん
私が心地よく生きるためだからといって、
ほかの人の心地よさをじゃまするつもりはない。
だから、努力はする。

でも「普通」にならなくちゃいけない
義務はないはず。

私は私。
あなたはあなた。
尊重するのはまずそこだ。

しあわせになるキーワード❶

別に「普通」じゃなくていい

悲しくて情けなくて、どうしようもなくなる夜がある。

うっかりドアの角に足の小指をぶつけたときみたいに
突然、衝撃的にやってくる、絶望的な大失敗。

なんでこんなにバカなんだ。
なんでこんな失敗しちゃうんだ。
なんで？　なんで？　なんで？

そんなときに、もう一人の私が私に声をかけてくる。

「ほらほら、いつまでも泣いていないで
ベッドから出てお湯を沸かそう。甘い紅茶でも飲もう」

「失敗しちゃったね。バカだったね。
でもこれが私だよ。私の現実だよ。そこは認めよう。
じゅうぶん反省しているし、
もっと反省しなきゃいけないけどだいじょうぶだよ。
ここからまた始めよう」

「不愉快な思いをさせた人にはあした、謝ろう。
同じ失敗をしないように、
もう少し工夫できないか考えよう。
あした、いっしょに考えようね」

私には、私という最大の味方がいる。

しあわせになるキーワード❷

私は私をあきらめない

できそうなことはなんだろう?

たまった食器を片づけること。⇒　ムリっぽい。

洗濯物をたたむこと。⇒　必要に迫られてないし。

クリーニング店からスーツを引きとってくる。⇒　遭難しそう。

ごはんを食べる。⇒　まだおなかすいてない。

キッチンに行くだけ。⇒　そのくらいならできそう。

スポンジに洗剤をつける。⇒　あー、むずかしくなってきた。

お皿を3枚洗う。⇒　ムリ。

じゃ、もう一回戻ろっか。

キッチンまで行く。⇒　そのくらいならできそう。

キッチンで音楽を流す。⇒　楽しいね。

音楽に合わせてスポンジに洗剤をつける。

⇒　やってもいいかな。

音楽に合わせてお皿を3枚洗う。⇒　そのくらいならアリ。

いい調子。

じゃあ、残ったお皿も洗っちゃえ！

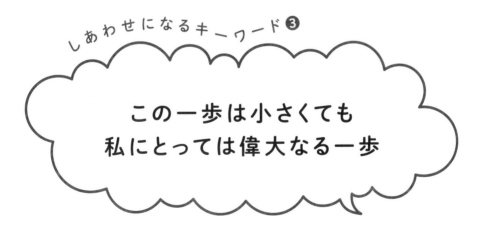

しあわせになるキーワード❸

この一歩は小さくても
私にとっては偉大なる一歩

女の子なのに、だらしない。
もう大人なのに、常識がない。
社会人なのに遅刻って、ありえないんですけど。
女子力が低いんだよね。
これって母親の義務でしょ?
このぐらいしてくれるのが当然だよね。

私たちの住む世界には、
いろんな「すべき」があふれている。
ADHDタイプはいつも、「すべき」の規格外。

だからかな、
「すべき」にすっぽり
入ってしまうことに憧れる。
1ミリもズレることなく
「すべき」と同化したいと思う。
そうなれない自分を責める。

でもね、わかっているんだ。
同化したら最後、
そのうち「すべき」は体をしめつけてくる。
フルサポートストッキングの何十倍のパワーで
もっともっと「すべき」と言ってくる。
わかるんだ。「すべき」と一体化しちゃった人が
まわりにいっぱいいるからね。

「すべき」と距離をとるのは、そんなに悪いことじゃない。

しあわせになるキーワード❹

「すべき」思想を脱ぎ捨てる

友達、ってほどではないけれど
なんとなく気持ちよく仕事ができる人っている。

私が話すと、メモをとってくれる人。
新しい企画を思いつくと、感心してくれる人。
計算ミスに気づくのが得意な人。
気づいても、腹を立てない人。
息を吸うように整理整頓できるけれど
初対面の人と話すときには息が止まる人。
実行できるかどうかわからない企画を
100個くらい求めている人。

世界じゅうには星の数ほど仕事があって、
いろんな星の上でいろんな人が
いろんな凸凹をかかえて働いている。

もしいま仕事がうまくいっていないのならば、
あなたの凸凹とうまく合う凹凸の人と、
出会えていないのかも。

凸凹を必死で変えるよりも
別の惑星を目指す旅に
出かけるのもいい。

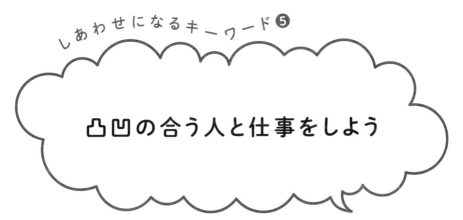

しあわせになるキーワード❺

凸凹の合う人と仕事をしよう

ロボット掃除機を買って、最初は後悔した。
だってしょっちゅうひっくり返るし、からまるし、
床にあるものを片づけるのはほんとうにめんどうくさい。
一人暮らしにはぜいたく品だったのに、
なんでこんなの買っちゃったの?

でも少しずつ、掃除機がかわいくなってくる。
きょうもがんばって掃除してくれてありがとう。
なのに、
こんなところにコードおきっぱなしにしてごめんね。
ドアをあけっぱなしにしてたから、
玄関に落ちちゃったね。
痛いね。気をつけなくちゃ。

もの言わぬ機械はこうやって、
私の行動を少しずつ変えていく。

便利な道具はたくさん生まれている。
ちょっと高いけれど、
生きるために必要な経費をケチってはいけない。
堂々と使って、堂々と変わっていこう。

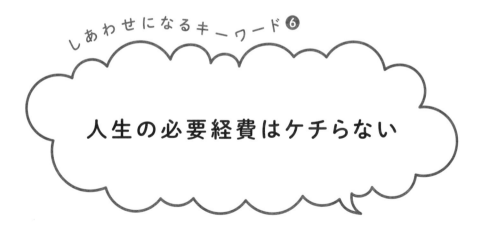

しあわせになるキーワード❻

人生の必要経費はケチらない

私たちADHDタイプが
リアル社会で情報交換する機会はあまりない。
でもSNSが広がって変わってきた。
ハッシュタグを立てて検索すれば
同じ種族の仲間がたくさんいることがわかる。

ブログ、Twitter、Facebook、note
いろんな場所でいろんな人が
笑えない失敗談や、笑える成功物語や、
苦難の中で得られたライフハックを
同じ種族の仲間に向けて惜しげもなく発信している。

同じ祖先を持つ流浪の民が
約束の地で再会できたような喜び。

ときには悪意もあるけれど、そこは心を強く持って
信頼できるメッセージだけを追っていけばいい。

きょうも世界のいろんな場所で、
見えない仲間ががんばっている。
それが私の勇気になる。

しあわせになるキーワード❼

見えないけれど仲間はいる

「この人がイライラしているのは自分のせいだ」
と思うのは、もうおしまいにしよう。

あからさまなため息も、バタンと閉じられたドアの音も、
話しかけた言葉へのさりげない無視も、
私という人間がさせていることではないのだと気づこう。
すべての行動は、この人自身が選択しているのだ。

私は私で、自分の行動を選択していけばいい。
反省したほうがいいと思えば反省し、
行動を変える必要があると思えば変えていこう。
それは私が考えて、私が決めること。
この人に怒られないためではない。

「私がイライラしているのはあなたのせいだ」
と思っている人とは、もうおしまいにしていい。

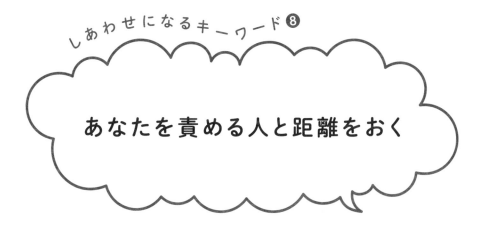

しあわせになるキーワード❽

あなたを責める人と距離をおく

私はよく思うんだ。
宝くじには当たらなくていいや、って。
ビンゴカードの穴が1つもあかなくても
年賀状の切手シートさえ当たらなくても
そんなのちっともかまわないって。

たとえば、
落とした財布がそのまま戻ってきたときに。

たとえば、
ギリギリの仕事に手を貸してもらえたときに。

いろんな場面で言ってもらった
「だいじょうぶですよ」の言葉を思い出すたびに。

そしてこの前も思った。
「ADHDだろうがなんだろうが、
あなたはいままでと同じでしょ?」
とたいせつな人が言ってくれたときに。

やっかいな特性だけれど、そのおかげで
ときどき宝石のようなやさしさに出会うことがある。
私の運は、そこに全部使われているかもしれない。

だから、宝くじは絶対当たらないはずだ（だから買わない）。

しあわせになるキーワード❾

「ありがとう」を忘れない

この本を最後まで読み終わったら
一つだけでいいから、何か実践してみよう。

いつやるの?
もちろん、いま。
え?　いまは夜中だよ。
だったらやることをスケジュール帳に書き込んでおこう。
そう、いますぐに。

そしてあしたの朝、新しいことを始めよう。
やろうと思ったときにやるしかない。
私たちは鮮度に敏感。
動こう。
そう、いますぐに!

しあわせになるキーワード❿

ADHDは鮮度が命。
始めるのは、いま！

ＡＤＨＤタイプとして
あしたもしあわせに生きるには

 ついにこの長い本も残りわずかですね。最後にもう少し伺いたいことがあるんですけど……。

 なんでしょう？　なんでも聞いて！

 私は**ＡＤＨＤの診断を受けていない**んですが、受診したほうがいいんでしょうか？

 うーん、悩むところですが、私はどちらでもいいかなと思うの。もしも**「はっきりさせたい」**と思うのであれば受診してもいいと思うけれど、なかなか予約がとれないかもしれない。

 発達障害のクリニックはふえているのに？

 子ども専門のところが多いのよね。大人の発達障害の診断ができるところは限られていて、地域によるかもしれないけれど**「半年待ち」**っていう医療機関も多いみたいです。

そうなんですか！　まだ大人のADHDへの対応って発展途上なんですね。

あとね、受診してもMさんみたいになんとかやっている人には診断名がつきにくい傾向があるということも知っておいてね。

そうなんですか。では逆に、ADHDの診断を受けるメリットってどういうことですか？

アンケートにもあったけれど**「失敗が多いのは脳の特性であって、自分がダメなのではない」「根性論でなんとかなるわけではない」**ということが、ちゃんとわかることがいちばん大きなメリットだと思う。そういう意味では、Mさんはもうクリアしているよね？

そうですね。脳のクセについては理解しました！

あとは障害者雇用枠で転職するとか、障害年金や障害者手帳を申請するとか、そういう目的があるときには診断書が必要ね。

診断がつくと治療が始まるんですか？

診断は治療の第一歩として行われるからね。だいたい**月1回の定期的な診察と、お薬が出る**ことが多いはず。

お薬がちょっと気になっているんです。飲んだらもう少しチャキチャキ仕事が回せるようになるのかな?って。

日本で成人に認められている薬は3種類で、どちらも脳の神経伝達物質の働きを調整する薬なの。

ってことは、やる気アップ、集中力アップ!ってことですよね。飲んでみたいなぁ。

でもね、こんな言葉があるの。
「**薬は物事に集中するのに役立ちます。しかし、何に集中したらいいかを教えてくれるわけではありません**」。

どういう意味ですか?

大人はさまざまなタスクをかかえているでしょ? 計画を立てるとか、整理整頓するとか、しゃべりすぎを防ぐとか、ADHDタイプさんがかかえるさまざまな問題を、脳の神経伝達物質の働きを一時的に調整するだけで解決できるのかというと「**不十分ではないか**」という意見があるのは確かなの。

えー、じゃあどうすればいいんですか?

この本で紹介したように、時間管理をしたり、片づけのノウハウ

を伝えたり、コミュニケーションの方法をいっしょに考えたりする**心理社会的治療**が注目され始めているのよね。

 ってことは、私はもう治療を受けているってことか！

 受診するかどうかは、もう少し考えてから決めてもいいかもね。でも引き続き時間管理や片づけ、あとは合コンをがんばって！

 ……でもね、結婚するのは、ちょっと不安になってきました。仕事は大好きだからやめたくないけれど、いまの日本は「家事も子育ても女性の仕事」っていう風潮がありますよね。
ADHDタイプで、家事も育児も仕事もこなしていけるのかなぁ。
それに、子どもが私に似ちゃったら……と思うと、とても育てられる気がしないです。

 何言ってるの！　Mさんに似たら、元気で素直でかわいい子が生まれるよ。それにいまは**ADHDの子どもへのサポートはずいぶん充実してきた**し、親子カウンセリングもいろんな場所で受けられるからだいじょうぶ。
実際、子どものカウンセリングに通ううちに「**私もADHDだ！**」って気づく親がふえているの。

 そうなんだ。でも、家事と育児、仕事の両立はムリそう。

そもそも女性だけが家事や育児をしなくちゃいけないなんておかしいよね。結婚の段階で、「いっしょにやっていこう」と言ってくれる男性を選ぶべき。
それでもたいへんはたいへんだから、私は**自分がいっぱいいっぱいにならないことをいちばんに考えている**んだよね。

たとえばどんなことですか?

子どもが小さいときは、**夕方6時半に寝てた**。

え?　夕方6時半?　それってまだ夜じゃないですよね。

子どもが早い時間に寝る子だったからね、合わせて寝てた。

夕飯はどうしたんですか?　5時とかに食べるの?

子どもはそのくらいかな。私はね、食べない。あきらめた。こんなこと書くと、専門家のかたにしかられるかもしれないけど、ムリだったんだもん。そのかわり、朝ごはんはたっぷり食べたよ!**朝の5時におなかがググーッと鳴って目が覚めるの**って、これはこれで気持ちがいいもので(笑)。

先生、とことんマイペースだ……。さすがADHDタイプの師、心の友と呼ばせてもらいます!

ちゃんと食べられる人は食べてね。マネしていいことではないけれど、日本人は家事をやりすぎる国民といわれているじゃない？もっと手抜きしていいよ。必死にごはん用意しなくていいし、気楽にいこう。

ほんとうですね。少し気がラクになってきました。

あとはね、週末どこかに遊びに行っても、必ず**夕方6時までには家に帰ってくる**のもわが家のルール。帰ってきたらすぐ荷物を片づけてふろに入って、寝る。これが疲れないコツ。

そのくらい寝るって大事なんですね。

そうよ。とくにADHDタイプさんは寝てほしい。Mさんもサブスク見て夜ふかししている場合じゃない。**しっかり眠って、朝は気持ちよく起きて、笑っていたら、あとはもうなんとでもなるよ。**

わかりました、師匠！　結婚が決まったらまた相談に来ますね。とりあえずアウトドア雑誌の編集部との合コンが決まったことだけお伝えしときます。

がんばれ！　でも飲みすぎには注意してね。

了解です！

おわりに

この本の企画をいただいたのは、2020年11月12日という、もうすぐ年末という時期でした。
「ADHDの特性を持つ女性にやさしく寄り添いながら、しあわせに生きていく」
そんなコンセプトのエッセイ風の読み物を作りたいというお話でした。

私のこれまでのADHD関連の本は実践式のワークブックや新書だったので、ひとまず読むだけで励まされるような、そんな手にとりやすい本の企画は初めてでした。
ある特定の才能豊かなADHDの人の成功談でもなく、むずかしい医学用語の羅列でもなく、もっと具体的で、もっととり組みやすくて、もっと自分のかかえているなぜ？　どうして？　を説明してくれて、もっと自分が生きやすくなる本……そんな本を作りたいという編集の近藤祥子さんからの熱い思いを感じました。
私はすぐに共感しました。
なぜなら、これまで臨床現場で出会ってきた女性たちが、まさにそれを求めていることを知っていたからです。

みんなが「自分がだらしないせいで、ひとりぼっちなんだ」
「私が怠け者のせいで、人に迷惑かけちゃうんだ」「ちゃんとしてないから、うまくいかないんだ」

と、ごくごく無意識に自分に声をかけてしまっているのです。

一方で、私は専門家として、そんな女性たちが、ADHDの正しい知識や、同じ境遇の女性たちに出会う中で、心がほっと解き放たれていく様子や、自分をとり戻してまた胸を張って生きられるようになった過程を見てきました。

私一人で一生に出会うことのできる女性の数は限られていますが、本なら、きっともっと多くの人に届けることができます。かわいいイラストといっしょに、たくさんの人に届くといいなと思って、この本を作りました。

この本の製作過程も、実はすごくADHD的でした。構成をご担当くださった神 素子さん、編集の近藤さんとは、本のコンセプト、構成について何度も二人のお住まいの東京と私のいる福岡をつないでビデオ通話でお話ししました。毎回、私たちは小学生のように目をキラキラさせて、「こんなことも盛り込んだらいいんじゃないか」「いやいや、いっそ、こうしよう」などと、笑いの中にしばしば脱線をはさみながら、奇想天外なアイディアをぶつけ合って、生み出していきました。私はこの3人で本書を作れたことをほんとうにしあわせに思います。

この本をお読みになったあなたが、既存の見えない女子ルールになんて縛られることなく、つまらない罪悪感から解放されて、あなたらしく、堂々と生きてほしいと思っています。

　2021年2月

　　　　　　　　　　　　中島美鈴

中島美鈴
（なかしま・みすず）

1978年福岡県生まれ、公認心理師・臨床心理士。心理学博士。肥前精神医療センター、東京大学、福岡大学などの勤務を経て、現在は九州大学人間環境学研究院にて学術研究協力員として、成人期のADHDの認知行動療法の研究とカウンセリングを行っている。主な著書に『もしかして、私、大人のADHD？〜認知行動療法で「生きづらさ」を解決する〜』（光文社）、『ADHDタイプの大人のための時間管理ワークブック』『働く人のための時間管理ワークブック』（ともに星和書店）など全32冊がある。朝日新聞デジタルにて認知行動療法コラムを連載中。

ブックデザイン	喜來詩織（エントツ）
カバー・本文イラスト	meppelstatt
DTP制作	鈴木庸子（主婦の友社）
構成	神素子
編集担当	近藤祥子（主婦の友社）

ADHD脳（エイディーエイチディーのう）で困（こま）ってる私（わたし）がしあわせになる方法（ほうほう）

2021年3月31日 第1刷発行
2021年9月10日 第2刷発行

著　者　中島美鈴（なかしまみすず）
発行者　平野健一
発行所　株式会社主婦の友社
　　　　〒141-0021
　　　　東京都品川区上大崎3-1-1
　　　　目黒セントラルスクエア
　　　　電話 03-5280-7537（編集）
　　　　　　 03-5280-7551（販売）
印刷所　大日本印刷株式会社

© Misuzu Nakashima　2021 Printed in Japan
ISBN978-4-07-446687-0

● 本書の内容に関するお問い合わせ、また、印刷・製本など製造上の不良がございましたら、主婦の友社（電話03-5280-7537）にご連絡ください。
● 主婦の友社が発行する書籍・ムックのご注文は、お近くの書店か主婦の友社コールセンター（電話0120-916-892）まで。
＊お問い合わせ受付時間　月〜金（祝日を除く）9：30〜17：30
主婦の友社ホームページ　https://shufunotomo.co.jp/

―――― 謝辞 ――――

ADHDさんの体験談について、
WEBサイト OTONA SALONE
（https://otonasalone.jp/）を
通じて、たくさんのかたに
アンケートのご協力を
いただきました。
ありがとうございました。